Klassische Schullektüre
Herausgeber: Ekkehart Mittelberg

Johann Wolfgang Goethe

Götz von Berlichingen
mit der eisernen Hand

Lehrerheft von Ekkehart Mittelberg

Cornelsen

Bildquellenverzeichnis
S. 52: Deutsches Theatermuseum. Früher Clara-Ziegler-Stiftung.
Archiv Abisag Tüllmann. München

Cornelsen online http://www.cornelsen.de

Die mit SH gekennzeichneten Seitenhinweise in diesem Heft beziehen sich auf das Schülerheft, die mit LH gekennzeichneten auf dieses, das Lehrerheft.

Umschlaggestaltung: Matthias Mantey
Technische Umsetzung: Enev Design & Consulting, Berlin

1. Auflage ✔ Druck 4 3 2 1 Jahr 02 01 2000 99

Druck: Saladruck, Berlin

ISBN 3-464-12133-X

Bestellnummer 121330

Gedruckt auf Recyclingpapier, hergestellt aus 100 % Altpapier.

INHALT

INTERPRETATION

1 *Götz von Berlichingen* als historisches Drama

In *Dichtung und Wahrheit* (3. Teil, 13. Buch) berichtet Goethe, dass er in Kenntnis der 1731 gedruckten Autobiografie des Götz von Berlichingen *Mein Fehd und Handlungen* (vgl. SH, S. 111 f.) ein historisches Drama schreiben wollte. „Das Leben des biederen Götz von Berlichingen, von ihm selbst geschrieben, trieb mich in die historische Behandlungsart."

In einer der jüngsten Interpretationen des *Götz* betont Walter Hinderer dessen Bedeutung als „Markstein in der Geschichte des deutschen Dramas" (Hinderer, S. 13): „Es signalisiert nicht nur den ‚ersten Durchbruch zum eigentlichen historischen Drama', wie Friedrich Sengle feststellte, sondern es vergegenwärtigt auch einen ‚politischen Gesamtzustand' […] vom Kaiser und seinen Ratgebern über die Ritter und Stände hinunter bis zu den Knechten und Bauern." (ebd.)

Dass der *Götz* ein historisches und Gesellschaftsdrama ist, wurde in dessen Interpretationen schon früh erkannt. Jedoch haben sich die meisten Interpreten damit begnügt, die Zeit unter Kaiser Maximilian I. (1493 Kaiserwahl – 1519) als Umbruchzeit zu charakterisieren, in der die wachsende Macht der Fürsten gegenüber den freien Reichsrittern und dem Kaiser dem Dramenhelden Fesseln anlegte. Will man aber ausreichend verstehen, ob, inwieweit und warum Goethe seinen Götz in der Fiktion idealisierte, so muss man sich einige historische Fakten über die Reichsritter, die weltlichen und geistlichen Fürsten, die Reichsstädte, den Kaiser und die Bauern zu dieser Zeit vor Augen führen.

Bei dem überwiegend positiven Bild, das Goethe von Götz zeichnet, ist es wichtig zu wissen, dass und warum die während des Minnesangs idealisierten Ritter zu Raubrittern abgesunken waren und dass Götz nach eigenem Zeugnis (vgl. Pleticha, S. 126) während seiner Nürnberger Fehde es nicht verschmähte, die so genannten Pfeffersäcke ihres Gutes zu berauben, sogar mehrmals ein und denselben Kaufmann. „Der einst ‚edel gesinnte' Ritter der Stauferzeit war zum gefürchteten Raubritter heruntergekommen, nicht zuletzt, weil er mit dem Aufkommen der Landsknechte und der Feuerwaffen seine militärische Aufgabe und damit einen Teil seines gesellschaftlichen und wirtschaftlichen Status verloren hatte. Wer von den Rittern nicht als Söldnerführer in den Dienst eines Fürsten oder einer Stadt trat, dem drohte Verarmung und sozialer Abstieg. Viele Ritter verschafften sich deshalb mit Gewalt, was sie für Recht hielten. Sie benützten das Fehderecht, das früher durch strenge Vorschriften geregelt war, zu Überfall, Raub und Mord. Ihre Opfer suchten und fanden sie auf den Straßen, die an ihren Burgen vorbeiführten. Wurden den Reisenden Straßen- oder Brückenzölle verweigert, dann beraubten sie die verhassten Kaufleute oder schleppten diese am Pfeffer- und Gewürzhandel reich gewordenen ‚Pfeffersäcke' in ihre Räuberhöhlen um von ihnen hohe Lösesummen zu erpressen." Hansen (S. 192 f.) stellt der schönenden Sicht der Raubritter durch Götz in dessen Lebensbeschreibungen die realistische Sicht des zeitgenössischen Ritters Ulrich von Hutten gegenüber, der z. B. feststellte, dass man sich ohne zahlreiche Gefolgschaft gegen die Übergriffe der Raubritter nicht wehren konnte, die sich selbst auf Verschwägerte, Verwandte, Vettern und Brüder erstreckten. (Hansen, S. 194)

Die nahe liegende Frage ist, warum Götz, der in Goethes Drama nur Gott und den Kaiser über sich anerkannte, nicht bleibenden Rückhalt von Kaiser Maximilian I. erfuhr, der doch als „letzter Ritter“ und Verfasser von Ritterromanen (*Theuerdank*, *Weißkunig*) in die Geschichtsschreibung eingegangen ist. Maximilian hat die schützende Hand nicht deshalb von dem historischen Götz weggezogen, weil dieser Raubritter war – immerhin zählte er nicht zu den herabgekommenen Rittern (vgl. M 1.1, SH, S. 106) –, sondern er musste ihn 1512 in seinem eigenen Interesse wegen eines Überfalls auf Kölner und Nürnberger Kaufleute ächten. Die tiefste Ursache für das Abrücken des Kaisers von den freien Reichsrittern vom Schlage des Götz liegt im Erstarken der kurfürstlichen Macht, des Partikularismus: „Die Schwäche des Kaisertums und permanenter Geldmangel verschärften die Abhängigkeit der Zentralmacht von den Fürsten. Die Kurfürsten, zugleich erstarkende Eigeninteressen verfolgende Territorialherren, konnten immer stärker in die Reichsregierung eingreifen. Die Reichsstädte, treue Partner und Geldgeber des Kaisers, geraten u. a. durch Verpfändungen und Schuldüberschreibungen des Kaisers zunehmend in die Abhängigkeit der Fürsten.“ (Pleticha, S. 264) Die Macht der Kurfürsten war so gewachsen, dass der Kaiser für bedeutende Staatshandlungen durch einen Willebrief die Zustimmung der Kurfürsten einholen musste. (Vgl. Kroeschell, S. 216)

Götz hatte jedoch nicht nur die Fürsten, im Drama durch den Bischof von Bamberg repräsentiert, sondern auch die wirtschaftlich mächtigen Städte, im Drama durch die selbstbewussten Ratsherrn von Heilbronn vertreten, zu erbitterten Feinden, weil der ungestörte Handel, den er durch seine Fehden beeinträchtigte, im Interesse beider lag. Während die einzelnen Landfrieden im ausgehenden Mittelalter den Fehden zunächst nur Grenzen setzten (vgl. Kroeschell, S. 161), wurde auf dem Reichstag zu Worms 1495 ein ewiger Landfriede beschlossen, der für immer das Fehderecht des Adels und jede Form der Selbsthilfe verhindern sollte. Recht durfte nicht mehr, wie Götz es verstand, mit der Waffe erkämpft werden, sondern musste vor Gericht bei der obersten Appellationsinstanz, dem Reichskammergericht, dem Goethe noch in Wetzlar diente, erstritten werden. (Vgl. Pleticha, S. 228) Weil die Reichsritter von der politischen Macht ausgeschlossen waren und auch wirtschaftlich ohne die ungehinderte Ausübung von Fehden in Existenznot gerieten, musste dies zwangsläufig zu ständigen Konflikten bzw. Kriegen führen, bei denen – so wie Goethe die Machtverteilung in seinem Drama schildert – die geistlichen und weltlichen Fürsten, der Kaiser und die Reichsstädte auf der einen und die ihres Fehderechts beraubten Ritter, wie z. B. Götz von Berlichingen, Hans von Selbitz und Franz von Sickingen, auf der anderen Seite standen.

Verschärft wurde dieser grundsätzliche Konflikt noch dadurch, dass die Reichsreform statt der von den Rittern erhofften Restaurierung der alten feudalen Verhält-

nisse u. a. auch eine Rechtsreform bedeutete, durch die zunehmend das überkommene Fehderecht, das den Rittern wie ein Naturrecht erschien, durch das weitaus stärker kodifizierte römische Recht abgelöst wurde, ein Umstand, über dessen Bedeutung Goethe im Speisesaal des bischöflichen Palastes zu Bamberg sich den Rechtsgelehrten Olearius eitel verbreiten lässt, nicht ohne dessen Zugeständnis, dass außer den Reichsrittern auch das geringe Volk (von Olearius Pöbel genannt) sich mit dieser Rechtsreform sehr schwer tat. (Vgl. SH, S. 30 ff., insbesondere S. 32 unten) Die allgemeine Enttäuschung der Stände über die aus ihrer Sicht gescheiterte Reichsreform trug also dazu bei, dass in der Darstellung Goethes der fiktive Götz mit seinem überkommenen Rechtsverständnis bei der Fortführung seiner Fehden kein Unrechtsbewusstsein entwickeln konnte: „Gescheitert war die Reichsreform freilich, wenn man an sie den Maßstab der überschwänglichen Hoffnung anlegte, deren Träger vor allem der Adel, namentlich die Reichsritterschaft, und die Bauern waren. Von einer Rückkehr zu den alten feudalen und agrarischen Verhältnissen, ohne Leibeigenschaft und Zunftherrschaft, ohne Pfaffen und studierte Juristen, ist allerdings nichts zu spüren. In der sickingischen Fehde von 1522 und im großen Bauernkrieg von 1525 entlud sich der vergebliche Widerstand der Stände, die sich von der politischen Teilhabe an der Reichsgewalt ausgeschlossen sahen.“ (Kroeschell, S. 246)
Zum vollständigen Überblick auf die historischen Verhältnisse, die Goethe in seinem *Götz* verarbeitet, gehört noch eine Anmerkung zum Bauernkrieg von 1524/1525: „Die Aufstandsbewegung entbrannte im Elsass, in Süd- und Mitteldeutschland, […] in Österreich und in Tirol. Führer waren Götz von Berlichingen und Georg Metzler im Odenwald, Letzterer mit Unterstützung des Ritters Florian Geyer. […] Zahlreiche Schlösser und Klöster wurden erstürmt, eine zentrale Führung war nicht vorhanden, auch fehlte es den Bauern an militärischer Ausbildung und Ausrüstung.“ (Das Lexikon der Weltgeschichte, S. 88)

Goethe hat sich mit der Darstellung dieses Krieges insofern an historische Tatsachen gehalten, als der fiktive Götz die Hauptmannschaft des Odenwälder Haufens nicht ohne Skrupel übernahm; der historische Götz wurde tatsächlich gezwungen und verließ mit seinen Gefolgsleuten die Entscheidungsschlacht, da er innerlich nicht beteiligt war. (Vgl. M 1.1, SH, S. 106)

Dies sind die historischen und gesellschaftlichen Gegebenheiten, die Goethe in seinem historischen Roman in eine Fiktion umwandelt, eine Fiktion freilich, die in vielen Punkten der historischen Realität sehr nahe kommt. Auch bei Goethe geht die entscheidende Macht von den Fürsten in Gestalt des Bischofs von Bamberg aus, in dessen Dienst sich, mit Adelheids Nachhilfe die gewandelten Machtverhältnisse erkennend, der Reichsritter Weislingen gestellt hat. Auch bei Goethe erscheint der Kaiser nicht souverän, sondern im Auftrag des Bischofs durch Weislingen instrumentalisiert: „WEISLINGEN. Denn eben diese kaiserliche Mild und Gnade ist's, die sie [die Reichsritter, E. M.] bisher so ungeheuer missbrauchten, und ihr Anhang, der sein Vertrauen und Hoffnung darauf setzt, wird nicht ehe zu bändigen sein, bis wir sie ganz vor den Augen der Welt zunichte gemacht und ihnen alle Hoffnung jemals wieder emporzu-

kommen völlig abgeschnitten haben." (SH, S. 58, Z. 17–21) Goethe hält am Ende des Dramas auch mit Götzens Worten zu Recht fest, dass die freien Reichsritter in der Umbruchzeit unter Maximilian I. sich selbst überlebten: „Stirb, Götz – du hast dich selbst überlebt, die Edeln überlebt." (SH, S. 104, Z. 3 f.) Er verschweigt auch nicht, dass Götz de facto ein Raubritter war, wenngleich dies weder der historische noch der fiktive Götz anerkennen und obwohl der Kaiser, der zunächst auf Götz' Seite steht, dies ins Lächerliche zieht: „KAUFMANN. Arme Kaufleute von Nürnberg, Eurer Majestät Knechte, und flehen um Hülfe. Götz von Berlichingen und Hans von Selbitz haben unser dreißig, die von der Frankfurter Messe kamen, im Bambergischen Geleite niedergeworfen und beraubt; wir bitten Eure Kaiserliche Majestät um Hülfe, um Beistand, sonst sind wir alle verdorbene Leute, genötigt unser Brot zu betteln. – KAISER: Heiliger Gott! Heiliger Gott! Was ist das? Der eine nur *eine* Hand, der andere nur *ein* Bein; wenn sie denn erst zwei Hände hätten und zwei Beine, was wolltet ihr dann tun?" (SH, S. 57, Z. 19–26) Einer der Heilbronner Räte nennt Götz unverblümt einen Räuber, obwohl dieser dagegen hält, er sei „in einer ehrlichen Fehd begriffen" (SH, S. 81, Z. 13). Auch Adelheid, die Götz ihren Respekt durchaus nicht versagt („Er hat eine hohe unbändige Seele", SH, S. 49, Z. 19 f.) wirft Weislingen vor, dass er, falls er Götz treu bleibe, Geselle eines Räubers werde. (Vgl. SH, S. 49)
In Szene I,4 erwähnt Goethe durch den Bischof von Bamberg gleich mehrere historische Wahrheiten, nämlich die Überlegenheit des an Wirkung gewinnenden römischen Rechts gegenüber dem Gewohnheitsrecht, das Festhalten des niederen Adels am Faustrecht durch Störungen der 40 Landfrieden mit Fehden und die Maßregeln gegenüber dem Kaiser durch die geistlichen und weltlichen Fürsten, die in diesem Falle er selbst getroffen hat. (Vgl. SH, S. 32 oben und S. 34)
Neben der Geschichtstreue in Goethes Drama gibt es aber Abweichungen von den historischen Tatsachen und Akzentverschiebungen, die die Frage aufwerfen, ob die Etikettierung als historisches Drama diesem Werk Goethes hinreichend gerecht wird. Über eine weiter gehende Intention Goethes gibt wieder *Dichtung und Wahrheit* Auskunft (3. Teil, 13. Buch): „Ich hegte nun anstatt der Lebensbeschreibung Götzens und der deutschen Altertümer mein eigenes Werk im Sinne und suchte ihm immer mehr den historischen und nationalen Gehalt zu geben." Der **nationale** Gehalt, so wie ihn Goethe versteht, lässt sich aber nicht durch unparteiische Beschreibung der unter und mit Maximilian wirkenden antagonistischen Kräfte (die Reichsritter und ihre Feinde) herausarbeiten, sondern nur so, dass überpersönliche geschichtliche Triebkräfte zugunsten eines nationalen Ethos (vgl. Vietor, S. 98) individualisiert werden, dessen Träger positive Charaktere, allen anderen voran Götz, sind. Indem Goethe die das nationale Ethos verkörpernden Figuren in die Interessengruppen um Götz und den Bischof von Bamberg einbindet, hat er auch ein Gesellschaftsdrama geschrieben. (Vgl. Hesse, S. 470) So ist ein Werk entstanden, das primär historisch, zugleich aber auch Charakter- und Gesellschaftsdrama ist.
Entscheidend für das Verständnis des *Götz von Berlichingen* ist noch die Überlegung, welche Gedanken sich Goethe darüber gemacht hat, wie er das individuelle

Wollen seiner Charaktere und die gesellschaftliche Verfassung einer bestimmten historischen Epoche zusammenführen könnte. Auf diese Frage erhält man eine Antwort durch die Tatsache, dass Goethe seinen *Götz* konzipiert hat, als er bewundernd unter dem Einfluss von Shakespeares Dramen stand und darüber nachdachte, wie er in Shakespeares Manier ein historisches Drama mit nationalem, also deutschem Gehalt schaffen könnte. In Goethes berühmtem Aufsatz *Zum Schäkespears Tag* (M 2.3, SH, S. 117–120) findet sich ein zentraler Satz, der Licht auf die Konzeption des *Götz von Berlichingen* wirft: „[…] seine [Shakespeares, E.M.] Stücke drehen sich alle um den geheimen Punkt (den noch kein Philosoph gesehen und bestimmt hat), in dem das Eigentümliche unsres Ichs, die prätendierte Freiheit unsres Wollens, mit dem notwendigen Gang des Ganzen zusammenstößt." (SH, S. 119, Z. 11–14) Hesse übersetzt diesen geheimen Punkt mit Bezug auf den *Götz* so: „Der auf seine persönliche Unabhängigkeit pochende Selbsthelfer Götz gerät damit in Konflikt mit dem sich herausbildenden Organisationsgeflecht der bürgerlichen Gesellschaft." (Hesse, S. 471) Wir meinen jedoch, dass mit dem sich herausbildenden Organisationsgeflecht der bürgerlichen Gesellschaft, worunter wir die Interessen der Reichsstädte verstehen, nur eine Seite des Konflikts angesprochen wird, in dem sich Götz und die mit ihm verbündeten Reichsritter Franz von Sickingen und Hans von Selbitz befinden. Tatsächlich werden sie noch von einer anderen Seite in die Zange genommen, weil die prätendierte Freiheit ihres Wollens mit der uneingeschränkten Ausübung des überkommenen Fehderechts auch mit den Interessen der Fürsten und des Kaisers kollidieren musste, denen ebenso wie den Bürgern an der Einhaltung des Landfriedens gelegen ist. Stellvertretend für diese formuliert der Bischof von Bamberg: „Der Kaiser hat nichts Angelegners als vorerst das Reich zu beruhigen, die Fehden abzuschaffen und das Ansehn der Gerichte zu befestigen. […] Jetzt machen ihm seine Privathändel noch zu tun und das Reich ist, trotz ein vierzig Landfrieden, noch immer eine Mördergrube." (SH, S. 34, Z. 5–9)

2 Die Handlung

Um den Schluss des Dramas und dieses insgesamt in der Tradition Shakespeares würdigen zu können empfiehlt sich an dieser Stelle ein Überblick über den Kern seiner Handlung, die Fabel. Die Handlungsspannung erwächst daraus, dass Götz, der mit der Stadt Nürnberg und dem Bischof von Bamberg in Fehde liegt, ohne Skrupel auf das überkommene Naturrecht vertraut, während seine Gegenspieler, der Bischof von Bamberg mit Götzens treulosem Jugendfreund Weislingen in seinen Diensten und die auf Mehrung ihrer eigenen Macht bedachte Adelheid von Walldorf, die allgemeinen und abstrakten Normen des römischen Rechts dagegensetzen. Als Götz sich mit Waffengewalt an dem Bischof von Bamberg rächt, weil dieser einen seiner Knappen gefangen hält, wird auf Betreiben des Bischofs und Weislingens die Reichsacht durch den Kaiser über ihn verhängt. Zu deren Durchsetzung belagert ein Exekutionsheer Götzens Burg, die Götz gegen das Versprechen freien Abzugs verlässt. Darauf setzen ihn seine wortbrüchigen Feinde in Heilbronn gefangen. Eine Kommission aus kaiserlichen Räten und Ratsherrn von Heilbronn will ihn zwingen den grundsätzlichen Verzicht auf Fehden, die Urfehde, zu unterschreiben, weil er sich gegen Kaiser und Reich rebellischerweise aufgelehnt habe. Götz meint, stets dem Kaiser treu gewesen zu sein und lehnt die Unterschrift entrüstet ab. In dieser Situation kommt ihm sein mit ihm verbündeter Schwager Franz von Sickingen zu Hilfe. Götz erreicht, dass seine Knechte frei abziehen können, verpflichtet sich aber sich auf seiner Burg so lange ruhig zu halten, bis Sickingen die Reichsacht beim Kaiser aufgehoben hat.

Als jedoch der Bauernkrieg ausgebrochen ist, wird Götz die Führung der Bauern angetragen. Nach anfänglichem Zögern wegen der Gräueltaten der Bauern willigt Götz schließlich ein, weil er glaubt durch mäßigenden Einfluss auf den zügellosen Haufen sich sogar den Dank der Fürsten und des Reiches zu verdienen. Der Bauernaufstand wird durch ein Reichsheer unter Führung Weislingens niedergeschlagen, Götz kann sich in ein Zigeunerlager retten, fällt aber schließlich doch seinen Feinden in die Hände. Wegen der Anführung der Bauern – er durfte ja seine Burg eigentlich nicht verlassen – hat Weislingen schon Götzens Todesurteil unterzeichnet. Aber Weislingen liegt selbst im Sterben; denn dessen machtgierige, untreue Gattin Adelheid, der er befohlen hatte das Machtzentrum Bamberg zu verlassen und sich auf sein Schloss zu begeben, hat sich, darüber erzürnt, ehebrecherisch mit Weislingens Knappen und zugleich Sohn Franz verbündet und Weislingen mit dessen Hilfe Gift gegeben.

Auf dem Sterbebett zerreißt Weislingen unter dem Einfluss seiner früheren, treulos verlassenen Verlobten Maria, der Schwester von Götz und späteren Frau Sickingens, das Todesurteil gegen Götz.

Adelheid wird wegen ihres Ehebruchs und Giftmordes an Weislingen durch ein Femegericht zum Tode verurteilt.

Zwar wird Götz im Gefängnisturm von seiner Gattin Elisabeth liebevoll gepflegt, doch angesichts der Wortbrüchigkeit im verfeindeten Lager, angesichts des Todes des guten Kaisers, seines treuen Freundes Hans von Selbitz und seines überaus geliebten Knappen Georg erkennt Götz, dass die Ideale, für die er gekämpft hat, Treue und Verlässlichkeit, nicht mehr gelten, dass seine Zeit, in der sich mit dem Begriff Freiheit die Vorstellung verband, dass ein freier Ritter sein Schicksal selbst gestalten konnte, sich überlebt hat. Er stirbt mit einer düsteren Prophezeiung: „Schließt eure Herzen sorgfältiger als eure Tore. Es kommen die Zeiten des Betrugs, es ist ihm Freiheit gegeben. Die Nichtswürdigen werden regieren mit List und der Edle wird in ihre Netze fallen.“ (SH, S. 104, Z. 10 ff.) Götzens letzte Worte sind der doppelte Ruf nach Freiheit.

Da Götz vorher erkannt hat, er habe sich selbst überlebt, liegt in dem abschließenden Ruf nach Freiheit eine gewisse Inkonsequenz des endenden Dramas, weil man sich fragt, wer die Freiheit in dieser Situation denn bringen sollte. Elisabeth erkennt dies auch, indem sie Götzens Abschiedsworte ergänzt: „Nur droben, droben bei dir. Die Welt ist ein Gefängnis." (SH, S. 104, Z. 16)

3 Der Schluss

Selbstverständlich ist die Harmonisierung des Schlusses, der den diesseitigen historischen Konflikt der untergehenden Reichsritter mit den Interessen der Fürsten, der Reichsstädte und auch des Kaisers im Jenseits versöhnt, den Interpreten des *Götz* nicht verborgen geblieben. Martini hat am deutlichsten die Problematik des Scheiterns auf den Begriff gebracht. „Wenn Goethe nun in der zweiten Fassung seines Dramas jene Aura der Verklärung und Versöhnung über den Tod des Götz legt, hat er diesen Widerspruch doppelt auf eine uns heute problematisch erscheinende Weise abgebogen und verdeckt: dadurch, dass er den Geschichtsvorgang in einen Naturvorgang mythisierte und den sterbenden Götz ganz in seine unantastbare subjektive Innerlichkeit entrückte. Er hat das Menschliche gerettet, indem er ihm einen Platz jenseits der Gesellschaft anwies." (Martini, S. 127 f.) Ob man in diesem Ende eher eine Schwäche oder eine Stärke des Dramas sehen will, ist wohl dem Zeitgeist und dem Standpunkt des Interpreten unterworfen. Einen Marxisten kann der Schluss nicht befriedigen, ein eher religiös eingestellter Interpret wird immerhin einräumen, dass Goethe den Widerspruch erkannt hat, ihn jedoch damit rechtfertigen, dass Goethe keine andere Möglichkeit blieb als den Helden eines letztlich ethischen Dramas an seinem Ideal festhalten zu lassen. Götzens Frau rückt es ins Jenseits, wo es in dieser Umbruchzeit allein Bestand haben konnte.

4 Der Bruch mit den drei Einheiten des Aristoteles

Es ist sicher nicht nur „dem ersten Durchbruch zum eigentlichen historischen Drama" (Sengle, S. 35) zu verdanken, dass der *Götz* in der Geschichte des deutschen Dramas einen so bedeutenden Platz einnimmt. Mindestens ein ebenso großes Gewicht hat die Tatsache, dass Goethe mit den drei Einheiten des Aristoteles brach und dadurch das Drama vom Regelzwang befreite. Dies wirkte für den Autor des *Götz* selbst und für zahlreiche Zeitgenossen wie ein Abwerfen von lästigen Fesseln. „Es schien mir die Einheit des Ortes so kerkermäßig ängstlich, die Einheiten der Handlung und der Zeit lästige Fesseln unsrer Einbildungskraft. Ich sprang in die freie Luft und fühlte erst, dass ich Hände und Füße hatte." (M 2.3, SH, S. 118, Z. 3–6) Für den befreienden Tabubruch mit den drei Einheiten, die unter dem Einfluss der französischen Dramatiker und Gottscheds auf deutschen Bühnen zum Regelkodex erstarrt waren, fanden heute noch bekannte Zeitgenossen Goethes einprägsame Formulierungen, so z. B. Matthias Claudius 1773 im „Wandsbeker Boten", der meinte, dass man „nirgends das Winkelmaß anlegen" könne (Neuhaus, S. 130), Gottfried August Bürger, der ebenfalls 1773 formulierte: „Edel und frei wie sein Held tritt der Verfasser den elenden Regelkodex unter die Füße" (Neuhaus,

S. 130 f.). Christoph Martin Wieland, der 1774 betonte, dass Goethe ganz bewusst „nun einmal allen dreyen Einheiten auf den Kopf treten“ wollte (Neuhaus, S. 138), und schließlich Jakob Michael Reinhold Lenz, der nicht an dem kurzfristigen Genuss von Theaterstücken, sondern an deren langfristig nachwirkender Inspiration interessiert war: „Wo ist der lebendige Eindruck, der sich in Gesinnungen, Taten und Handlungen hernach einmischt, der prometheische Funken, der sich so unvermerkt in unsere innerste Seele hineingestohlen, dass er, wenn wir ihn nicht durch gänzliches Stillliegen in sich selbst wieder verglimmen lassen, unser ganzes Leben beseligt.“ (M 3.1, SH, S. 122, Z. 25–29)
Der heutige Interpret hat mehr Abstand zu der Beschränkung, die die drei Einheiten des Aristoteles dem Dramatiker auferlegen, als die Dichter des Sturm und Drang und kann sich nüchtern fragen, welche Vor- und Nachteile deren Vernachlässigung für die Gestaltung des *Götz* mit sich brachte.
Mit 56 Schauplatznennungen im *Götz* hat sich Goethe mehr als das Doppelte an Ortsbezeichnungen gestattet als z. B. der von ihm so verehrte Shakespeare im *Macbeth*. Diese auf den ersten Blick überzogene Vielfalt relativiert sich jedoch dadurch, dass Goethe mit der Burg Jagsthausen (sechzehnmal Handlungsort) und dem bischöflichen Palast zu Bamberg (achtmal Schauplatz) als den Zentren von Götzens Gegenspielern eindeutig zwei örtliche Schwerpunkte setzt. Sechsmal wird die freie Reichsstadt Heilbronn als ein weiteres Zentrum des Widerstands gegen Götz zum Handlungsort und je einmal werden Adelheidens sowie Weislingens Schloss zum Schauplatz, wo die Gegner des Helden agieren. Die drei erstgenannten Handlungsorte können bei großzügiger Auslegung insofern noch der Lehre des Aristoteles zugewiesen werden, als der Zuschauer häufiger an diese gleich bleibenden Orte zurückgeführt wird. Aufschlussreicher für die Freiheiten des Raumwechsels, die Goethe sich nimmt, sind die noch verbleibenden 24 Orte.
Zwei davon dienen im ersten Akt in der Schenke zu Schwarzenberg sowie in einer Waldherberge in Franken als Introduktion in das Drama mit dem Ziel Götz und den Bischof von Bamberg als Kontrahenten vorzustellen und Götz als den Helden durch Bauern und den Klosterbruder Martin wirkungsvoll zu loben. Hier wird schon der epische Charakter des Dramas deutlich, das durch derartige Szenen an Straffung einbüßt, jedoch an Farbigkeit wegen des breiten Spektrums von Handlungsorten und Personen, die als Folien des Helden dienen, gewinnt.
Zur epischen Breite tragen auch die 4. und 8. Szene des zweiten Aktes bei. Andererseits geben sie die Möglichkeit treue Mitkämpfer von Götz, nämlich Georg und Selbitz, vorzustellen und die Treulosigkeit Weislingens eindrucksvoll vorzuführen. Auch über die Notwendigkeit der 10. Szene des zweiten Aktes, der Bauernhochzeit, kann man streiten. Sie ist jedoch typisch für das mit Goethe beginnende Drama der offenen Form, das Reaktionen des geringen Volkes als Spiegelung der Haupthandlung einbezieht, in diesem Falle um die Perversionen des von Götz bekämpften kodifizierten römischen Rechts, personifiziert durch den Assessor Sapupi, bloßzustellen.

Die größte Vielfalt der Szenen mit 22 Handlungsorten enthält der dritte Akt. Wir greifen hier exemplarisch die 7. bis 14. Szene heraus, die den Kampf schildern, den Götz im offenen Feld gegen das Exekutionsheer führt. Die Orte versetzen die LeserInnen teils in das Lager dieses Heeres, teils zu Götz und seinen Leuten. Hier wird sich auch der wohlmeinende Freund der offenen Form des Dramas fragen, ob die breit angelegte Kampfdarstellung mit dem ständigen Schauplatzwechsel nicht durch eine Mauerschau oder durch einen Botenbericht auf nur einen einzigen Handlungsort hätte komprimiert werden können. Am Beispiel der 7. Szene, die in einem Wald an einem Morast spielt, wird deutlich, wie weit sich Goethe von den exklusiven Schauplätzen des Dramas der geschlossenen Form entfernt hat. Dass so triviale Dinge wie die Notdurft eines feigen Knechtes relativ breit ausgeführt werden, zeigt, wie sehr Goethes Schauspiel jene Zeitgenossen befremden musste, die sich von dem klassizistischen französischen Dramenvorbild nicht trennen mochten.
An den Handlungsorten des fünften Aktes kann noch einmal verdeutlicht werden, dass Goethe mit seinem Schauplatzwechsel, geschult an Shakespeare, pralle Lebensfülle und Kontraste auf die Bühne bringen wollte und dabei die soziale Spannbreite vom Zigeunerlager bis zu Weislingens Schloss nicht scheute. Der Zuschauer erlebt auch die Gegensätze der Nacht im wilden Wald (6. Szene) sowie des finsteren engen Gewölbes (11. Szene) und des hellen Gärtchens am Turn (14. Szene), der freien Natur in der 2., 3. und 6. Szene und der herrschaftlichen Räume in Adelheidens Schlafzimmer (8. Szene) oder Weislingens Schloss (10. Szene).
Die heute am wenigsten spektakulär erscheinende Abweichung von den drei Einheiten des Aristoteles vollzieht Goethe mit der Zeiterstreckung des *Götz*. Im Idealfall sollte nach dem griechischen Philosophen ein Zeitraum von 24 Stunden nicht überschritten werden. Im *Götz* erstreckt sich die Zeit der Dramenhandlung über mehrere Jahrzehnte, die Zeit der gemeinsamen Jugend von Götz und Weislingen nicht mitgerechnet. Legen wir nur den Zeitraum zugrunde, wo Götz in der 3. Szene des ersten Aktes den gefangenen Weislingen auf seine Burg führt, bis zum Tod des gealterten Götz am Ende des Dramas, so erscheint selbst dieses um mehrere Tausend Tage gegenüber dem Idealmaß des Aristoteles verlängerte Zeitkontinuum als ganz natürlich und entspricht dem damit, was Goethe an Shakespeare so bewunderte, der Natürlichkeit von dessen Menschengestaltung (vgl. M 2.3, SH, S. 119) – freilich hier auf die Zeit und nicht auf die Charaktere bezogen. Hätte Goethe seiner Dramenhandlung nicht das Zeitmaß eines Menschenlebens eingeräumt, er hätte nicht die tragische Wandlung seines Helden erlebbar gemacht, der, anfangs noch voll Vertrauen auf den Erfolg seines Selbsthelfertums, erkennen muss, dass die Zeiten der Rechtlichkeit, so wie er sie versteht, von den „Zeiten des Betrugs“ (SH, S. 104, Z. 11) abgelöst werden.
Fassen wir zusammen, was Goethes Drama durch den bewussten Verzicht auf die Einheit des Ortes, der Handlung und der Zeit so revolutionär machte, dass es die begeisterte Zustimmung der Stürmer und Dränger, aber auch die schroffe Ablehnung konservativer Kritiker erfuhr. (Vgl. zur Ablehnung M 3.2, SH, S. 124)

Bei der Handlung spiegeln Reaktionen des gemeinen Volkes sowie der Gefolgsleute Götzens einerseits und des Bischofs von Bamberg andererseits die Haupthandlung, die sich im Drama der geschlossenen Form mit der Gegenüberstellung der Geschehnisse auf Götzens Burg und im bischöflichen Palast zu Bamberg begnügt hätte. Indem Volks- und Kampfszenen sowie Nebenfiguren in die Handlung einbezogen werden, gewinnt diese an Lebensfülle, sozialer Dramatik und aufschlussreichen Spiegelungen, verliert aber an Straffung durch epische Breite. Damit korrespondiert der Schauplatzwechsel, der Farbigkeit, Bewegung, Kontraste und Erweiterung des sozialen Spektrums in die Handlung einführt, deren Aufführbarkeit aber erschwert. Dennoch ist der Handlung, die sich – Rückblicke auf die Jugend von Götz eingeschlossen – auf die Lebenszeit des Helden erstreckt, Plausibilität nicht abzusprechen.

5 Die Sprache

Zu der Lebendigkeit und Volkstümlicheit des *Götz* hat neben dem Verzicht auf die drei Einheiten des Aristoteles die ungewöhnlich variantenreiche Sprache beigetragen. Die Vielfalt der Ortswechsel von der ländlichen Herberge bis zum bischöflichen Palast, die Auffächerung der Stände und Volksgruppen in Zigeuner, Bauern, Kaufleute, Ratsherren, Gelehrte, Hauptleute und Knechte der Reichsarmee, Reiterbuben, Reichsritter, Höflinge des Bamberger Hofs, hoher Adel an des Bischofs Hofe und schließlich der Kaiser selbst spiegeln sich in einem Spektrum von Soziolekten, Dialekten, Umgangssprache und gepflegter Hochsprache, je nach Stand, Charakter und Situation, in der die einzelnen Sprecher auftreten.
Die unterschiedlichen, wechselnden Sprachebenen sind nur zu beschreiben, wenn man sie den wichtigsten gesellschaftlichen Gruppierungen, die in diesem Drama auftreten, gezielt zuordnet: dem Bamberger Hof, Götz und seinen Gefolgsleuten, Adelheid und Weislingen, den Bauern und den Zigeunern.

a) Am **Bamberger Hof** wird Hochsprache gesprochen. Die Sprecher unterstreichen ihre Würde mit Fremdwörtern und Anleihen bei der lateinischen Sprache. „Zu der gepflegten Sprache, deren sich der Bamberger Hof bedient, bilden der steife Nominalstil des gelehrten Olearius und Liebetrauts gewandte anspielungs- und fremdwortreiche, frech pointierende Redeweise einen erheiternden Kontrast.“ (Hesse, S. 472)
b) Von der gestelzten, teilweise dünkelhaften Hochsprache der Höflinge unterscheiden sich **Götz und seine Gefolgsleute** durch die Volkstümlichkeit und den Bilderreichtum ihrer natürlichen Sprache. Der Zweck der Mitteilung und nicht das Glänzenwollen durch Sprachmächtigkeit stehen im Vordergrund. „Es ist eine im Ganzen auf unstilisierten Sprechton gestimmte, im Einzelnen auf den jeweiligen Stand und Charakter der Personen zugeschnittene Prosa. Götz' Redeweise und – entsprechend modifiziert – die des Personenkreises um ihn ist volkstümlich direkt und unkompliziert, bildkräftig, mundartlich, mit biblischen Wendun-

gen durchsetzt; Martin Luthers und Hans Sachs' sprachlicher Einfluss auf den jungen Goethe ist unverkennbar." (Hesse, S. 472)

c) Die anspruchsvollste Sprache, das heißt eine gepflegte Hochsprache voller Anspielungen, Wortwitz und Metaphern wird von **Adelheid und Weislingen** gesprochen. Als Beispiel nehmen wir die 9. Szene des zweiten Aktes: Adelheid und Weislingen im Dialog (SH, S. 52 f.): Nachdem Adelheid von ihrer Langweile gesprochen hat, die ärger sei als „ein kaltes Fieber" (SH, S. 52, Z. 8 f.), fragt Weislingen, ob sie seiner schon müde sei. Mit Anspielung auf Weislingens Skrupel gegenüber dem von ihm verlassenen Götz antwortet Adelheid in feiner Differenzierung: „Euch nicht sowohl als Euern Umgang. Ich wollte, Ihr wärt, wo Ihr hinwolltet, und wir hätten Euch nicht gehalten." (SH, S. 52, Z. 11 f.) Weislingen weiß sehr wohl, dass Adelheid einen Keil zwischen ihn und Götz treiben will. Er verstellt sich und geht mit einem metaphernreichen Vorwurf, sie zeige typisch weiblich schwankende Gunst, in die Offensive: „Das ist Weibergunst! Erst brütet sie, mit Mutterwärme, unsere liebsten Hoffnungen an; dann, gleich einer unbeständigen Henne, verlässt sie das Nest und übergibt ihre schon keimende Nachkommenschaft dem Tode und der Verwesung." (SH, S. 52, Z. 13–16) Adelheid versteht sich auf den Kampf der Geschlechter. Ohne Götz zu erwähnen gibt sie Weislingen in nicht minder geschliffener Metaphorik zu verstehen, dass es typisch männlich sei, wehleidig die gegenüber Frauen besseren Chancen zu verspielen: „Scheltet die Weiber! Der unbesonnene Spieler zerbeißt und zerstampft die Karten, die ihn unschuldigerweise verlieren machten. Aber lasst mich Euch was von Mannsleuten erzählen. Was seid denn ihr um von Wankelmut zu sprechen? Ihr, die ihr selten seid, was ihr sein solltet. Könige im Festtagsornat, vom Pöbel beneidet. Was gäbe eine Schneidersfrau drum, eine Schnur Perlen um ihren Hals zu haben, von dem Saum eures Kleids, den eure Absätze verächtlich zurückstoßen!" (SH, S. 52, Z. 17–22) Weislingen wiegelt ab: „Ihr seid bitter." (SH, S. 52, Z. 23) Adelheid wird jetzt deutlicher, gibt vor ohne Metaphern zu sprechen, verlässt aber die uneigentlich elegante Sprache der Metaphorik nicht: „Es ist die Antistrophe von Eurem Gesang. Eh ich Euch kannte, Weislingen, ging mir's wie der Schneidersfrau. Der Ruf, hundertzüngig, ohne Metapher gesprochen, hatte Euch so zahnarztmäßig herausgestrichen, dass ich mich überreden ließ zu wünschen: Möchtest du doch diese Quintessenz des männlichen Geschlechts, den Phönix Weislingen, zu Gesicht kriegen! Ich ward meines Wunders gewährt." (SH, S. 52, Z. 24–29) Weislingen pariert schlagfertig die Metapher von dem Phönix Weislingen. „Und der Phönix präsentierte sich als ein ordinärer Haushahn." (SH, S. 52, Z. 30) Adelheid gibt echte Anteilnahme vor um Weislingen aus seiner Lethargie zu reißen und ihn für ihre Machtpolitik zu instrumentalisieren: „Endlich gingen mir die Augen auf. […] Jetzt, da es von Tag zu Tage schlimmer mit Euch zu werden scheint, müsst Ihr mir verzeihen, wenn ich Euch meine Gunst entreiße. Ihr besitzt sie ohne Recht, ich schenkte sie einem andern auf Lebenslang, der sie Euch nicht übertragen konnte." (SH, S. 53, Z. 5–14)

Goethe lässt Adelheid und Weislingen nicht nur deshalb eine so glatte Sprache führen, um sie als elegante Höflinge zu charakterisieren, sondern auch, um die biedere direkte Sprache des Götz und seiner Getreuen, die von Taktik und Finten frei ist, dagegen abzugrenzen.

d) Für die **Sprache der Bauern** fassen wir die erste Szene des fünften Aktes (SH, S. 89 ff.) näher ins Auge. Hier wird deutlich, dass Goethe deren Sprache in dreifacher Weise funktional einsetzt. Erstens ist sie mit ihren Dialektwörtern (z. B. „trenteln", „schwürig", „mit rauchen Häuptern", „zwitzern") und derben Bildern die natürliche Sprache der geringen Leute, z. B. „Es lief mir so warm übers Herz wie ein Glas Branntwein!" (SH, S. 89, Z. 32 f.) oder „Wie die Hasen beim Treibjagen zuckten die Kerls übereinander" (SH, S. 90, Z. 1 f.). Zweitens nutzt Goethe die brachiale Sprache der Bauern um zu zeigen, wie ungezügelt und brutal der zu diesem Zeitpunkt noch führerlose Haufen ist: „METZLER. Wir haben sie zusammengestochen, dass eine Lust war." (SH, S. 89, Z. 11) oder „Das war ein Jubilieren und ein Tumultieren von den Unsrigen, wie die lange Reih arme reiche Sünder daherzog, einander anstarrten, und Erd und Himmel! Umringt waren sie, ehe sie sich's versahen, und alle mit Spießen niedergestochen." (SH, S. 89, Z. 23 ff.) Drittens ist noch bemerkenswert, mit welchem Reichtum assoziativer Bilder – die Ähnlichkeiten in Büchners *Woyzeck* sind frappierend – Goethe schildert, wie abergläubisch und ängstlich die Bauern ungeachtet aller Brutalität sind: „METZLER. Das Feuer leucht uns noch eine gute Strecke. Hast du den großen Kometen gesehen? [...] Und bleibt nur fünf Viertelstunden. Wie ein gebogner Arm mit einem Schwert sieht er aus, so blutgelbrot. [...] Und der breite, wolkenfärbige Streif, mit tausend und tausend Striemen wie Spieß', und dazwischen wie kleine Schwerter. [...] dass einem die Sinne vergehn!" (SH, S. 90, Z. 15–28)

e) Die für die damalige Bühne exotische **Sprache der Zigeuner** (vgl. die 6. Szene des fünften Aktes, SH, S. 95 f.) ist ein gelungenes Beispiel dafür, dass Goethe der elaborierten Sprache der Höflinge eine eigenständige Sprache der Outcasts gegenüberstellt.

Außer den Soziolekten, die ein sprachliches Zeitgemälde darstellen, fallen im *Götz* noch einige **Leitwörter** auf, die als Ideenträger für dieses Drama der gescheiterten, am Naturrecht orientierten Freiheitsvorstellung des Götz stehen. „Die Idee der Freiheit durchzieht den Text ebenso wie eine Reihe von Metaphern, die das Gegenteil andeuten, z. B. Käfig, Gefängnis und Gefangenschaft." (Hinderer, S. 39)

6 Die Aktualisierung des *Götz*

Es gibt in den letzten Jahren vereinzelte Versuche den *Götz* zu aktualisieren, so z. B. Einar Schleefs Aufführung des *Ur-Götz* im alten Frankfurter Straßenbahn-Depot an der Bockenheimer Warte durch das Frankfurter Schauspiel am 19. 4. 1989. Hier soll weniger die Rede davon sein, wie Schleef seinen *Götz* im Einzelnen inszeniert hat, sondern vielmehr davon, welche ideologische Botschaft für die Gegenwart er in dem

Ritterdrama erkannt zu haben glaubt. Diese ist bei Schleef die Umkehrung von Goethes Drama des auf Freiheit pochenden Individuums Götz zu dessen Entindividualisierung: „Hier wird das große Einmaleins der Lebensführung im Obrigkeitsstaat der Neuzeit eingebläut. Hier zählt der Mensch nur als Masse. Deshalb stolpert der von Goethe als groß und einzeln gedachte Ausnahme-Mensch Götz von Berlichingen im Stahlhelm so hilflos durch die Geschichte wie der letzte seiner Pferdeknechte. Ob Mann, ob Frau: In der modern arbeitsteiligen Gesellschaft gibt es keinen Unterschied mehr." (Rolf Michaelis in: „Die Zeit" Nr. 18, 28. April 1989) In Gerhard Rohdes Besprechung derselben Aufführung ist „Götz [...] ein mit unüblich viel Sprache ausgestatteter Skinhead, der gegen zeitgenössische Typen und Machtstrukturen aufbegehrt." (Theater im Laufställchen, „FAZ" vom 21.4.1989) Verena Auffermann sieht wie Michaelis die Entindividualisierung und den Umschlag zur Darstellung kollektiven Verhaltens bei dieser Aufführung: „Im Vordergrund seiner [Schleefs, E. M.] Einlassung auf das Theater steht das kollektive Verhalten: Zucht, Ordnung, der Stachel des Faschismus." („Süddeutsche Zeitung" vom 21.4.1989) Gerhard Stadelmaier schließlich meint, Schleefs Aufführung ziele auf Kritik des deutschen Patriotismus, der alle ideologischen Unterschiede einebne: „Manöverziel war: die vollständige, nach den Regeln der Lehre vollzogene Zerstörung von rot, schwarz und überhaupt, Herrschern und Beherrschten, Rebellen und Unterdrückten durchs Vaterland Deutschland." („Stuttgarter Zeitung" vom 21.4.1989)

1998 hat sich Armin Petras an den Freien Kammerspielen Magdeburg um eine Aktualisierung, ebenfalls des *Ur-Götz*, bemüht. Auch hier handelt es sich um eine kritische Umkehrung der von Goethe verfolgten Absicht ein nationales Theaterstück schreiben zu wollen, freilich nicht ein deutschnationales: „Das gnadenlose Ausschlachten des klassischen Originals zum Zwecke der Austreibung deutschnationaler Phrasen endet in der Langeweile." („Neues Deutschland" vom 17.11.1998) Anlass zu dieser Sicht wurde für Petras „eine von deutschnationalen Phrasen vergiftete Jugend, die in letzter Zeit wiederholt Magdeburg zu ihrem Aufmarschgebiet erklärt hatte." (ebd.)

Aus den Besprechungen wird überwiegend eine kritische Distanz zu derartigen Aktualisierungsversuchen deutlich. Beantwortet wird jedoch nicht die Frage, warum sie scheitern müssen. Goethe wollte in seinem historischen Drama einer Umbruchzeit aufzeigen, dass das Festhalten der letzten freien Reichsritter am Naturrecht an dem kodifizierten römischen Recht zerschellen musste, das die partikularen Machtinteressen geistlicher und weltlicher Fürsten und die ökonomischen Interessen der freien Reichsstädte schützte.

Wer also den *Götz* aktualisieren will und es nicht vorzieht, das Exemplarische des Scheiterns in einer Zeit herauszuarbeiten, wo veränderte ökonomische und juristische Verhältnisse keinen Platz mehr für alte Freiheitsideale lassen, der muss ein stimmiges Tertium Comparationis zwischen der Zeit Maximilians I. und unserer Zeit finden. Dass dafür die Entindividualisierung in einem Obrigkeitsstaat oder in moderner arbeitsteiliger Gesellschaft oder die Perversion von Patriotismus ins Deutschnationale ausreicht, bezweifeln wir.

DIDAKTISCHE UND METHODISCHE ÜBERLEGUNGEN

Wer den *Götz* im Unterricht behandeln will, sollte sich darüber im Klaren sein, dass es nur schwerlich möglich ist, den Stoff zu aktualisieren, wenn man nicht wie der Dramaturg Heigl in der Jagsthausener Aufführung von 1997 (vgl. Sequenz VII) eine Parallele zwischen der Anarchie und Blutrünstigkeit des Bauernkrieges im *Götz* und ebendiesen Erscheinungen in aktuellen Bürgerkriegen in Jugoslawien und Afrika herstellen will.
Sinnvoller erscheint es, das Drama in seinem Zeitkolorit unter Kaiser Maximilian I. (1493–1519) zu belassen und darauf zu setzen, dass Jugendliche der Mittelstufe bereit sind sich mit lebendig gestalteter Vergangenheit, insbesondere mit der Ritterzeit, zu befassen, weil Ritter, die mit einer Übermacht kämpfen – Western- und Krimihelden vergleichbar –, Identifikationsfiguren sind. Die SchülerInnen sollten also den von Goethe gestalteten Schwierigkeiten nachgehen, denen sich die letzten freien Reichsritter Franz von Sickingen, Hans von Selbitz und vor allem Götz von Berlichingen angesichts eines übermächtigen Bündnises von geistlichen und weltlichen Fürsten und von freien Reichsstädten mit dem Kaiser ausgesetzt sahen – eines Bündnises, das nicht dulden konnte und wollte, dass der seinem Vorteil dienliche Landfrieden durch die Fehden der Reichsritter immer wieder gebrochen wurde.
Wenngleich in den vorliegenden Sequenzen integrativer Unterricht nicht ausdrücklich ausgeführt wird, zeigt die Interpretation (vgl. *Götz von Berlichingen als historisches Drama*), dass es reizvoll sein kann, in Zusammenarbeit von Geschichts- und Deutschunterricht, die Zeit des ausgehenden Mittelalters, schwerpunktmäßig der Regierungszeit Maximilians I., deren Ausgestaltung in der Fiktion des *Götz* gegenüberzustellen.
Wo liegen nun die Motivationsmomente des *Götz* für SchülerInnen, wenn man eine vordergründige Motivation ausschließt? Das Drama ist für die Mittelstufe – wir empfehlen dessen Lektüre im 9. und 10. Schuljahr – relativ überschaubar.
Die Charaktere sind vor allem in Götzens Lager einfach strukturiert, angefangen bei dem treuen, tapferen, schlichten Götz selbst, der mit seiner Geradlinigkeit und Fürsorge für seine Familie und die ihm Untergebenen ebenso zur Identifikation einlädt wie seine treuen Verbündeten Sickingen und Selbitz, wie sein junges Ebenbild, der Knappe Georg, und wie sein getreuer Verehrer Lerse. Auch die Frauen an Götzens Hof, die fromme, einem Engel gleichende Maria und die realitätsbezogene, Götz in allem stützende Lebensgefährtin Elisabeth sind Identifikationsfiguren.
Das lässt sich von dem Götz feindlich gesinnten Lager, dessen Figuren vielschichtiger sind, nicht sagen. Aber sie werden der ersten Annäherung der SchülerInnen, die Charaktere in gute und böse teilen wollen, gerecht. Die SchülerInnen können zunächst mit Kontrastierungen arbeiten: der treue, biedere, gleich bleibende Ritter Götz – der wankelmütige, auf äußere Wirkung bedachte Höfling Weislingen; die verzeihende, liebevolle, ausgleichende Maria – die polarisierende, intrigante, auf Macht und äußere Güter sinnende Adelheid; der tapfere, redliche Bube Georg – der

alerte, auf seine eigene Liebe zu Adelheid fixierte Page Franz; die biedere, Götzens Einfachheit entsprechende Lebensführung auf der Burg Jagsthausen – die eitle, auf äußeren Glanz abzielende Hofhaltung in Bamberg.
Auch in der Mittelsufe sollten die SchülerInnen bereits Nuancen in Goethes Charakterisierungen erarbeiten, so z. B., dass der leicht verführbare, wortbrüchige Weislingen durchaus Gespür für die Charakterstärke Götzens hat, dass die skrupellose, machtlüsterne Adelheid Franz gegenüber liebesfähig ist und dass es dem zunächst vertrauensseligen Götz an Menschenkenntnis gegenüber Weislingen gebricht.
Die Entdeckung der Charaktere des Dramas darf nicht zum Selbstzweck werden. Die SchülerInnen müssen erkennen, dass der auf die Vergangenheit fixierte Götz an einem überholten Ideal vom freien, nur Gott und dem Kaiser verantwortlichen Ritter festhält und dass er nicht versteht, dass der von ihm so verehrte Kaiser zugunsten eines sicheren Handels und klarer, die eigenen Interessen schützender Machtaufteilung sich den Partikularismus von Privatfehden, die den Landfrieden außer Kraft setzen, nicht leisten kann, dass er sich deswegen realpolitisch mit den geistlichen und weltlichen Fürsten sowie mit den freien Reichsstädten arrangieren muss, dass der korrupte Weislingen sich eigentlich auf die Seite derer geschlagen hat, die die politische Zukunft haben, und dass aus diesen Tatsachen Götzens späte Erkenntnis wächst, dass er sich selbst überlebt hat.
Wichtiger noch als Götzens Tragik, der das Recht und die Moral auf seiner Seite weiß und einsehen muss, dass sich die Geschichte darüber hinweggesetzt hat, ist, dass die SchülerInnen am *Götz* propädeutisch Gesetzmäßigkeiten des Dramas der offenen Form erarbeiten können: den Verzicht auf die Einheit des Ortes, der Zeit und der Handlung, die innere Notwendigkeit, mit der die Handlung an zahlreichen, vom Rang her sehr unterschiedlichen Schauplätzen spielt, mit der sich Götz' Tragik über eine lange Zeitspanne von dessen Jugend bis ins hohe Alter aufbaut, die Glaubwürdigkeit, mit der Zigeuner, Bauern, kurz das geringe Volk, neben dem Kaiser, Fürsten, Höflingen sowie neben Rittern und Frauen von Stand agieren.
Die Materialien über das Vorbild Shakespeare sowie über die gegensätzlichen Reaktionen der Zeitgenossen bieten die Möglichkeit die von Goethe maßgeblich beeinflusste Theaterkonzeption des Sturm und Drang, die als offene Form noch heute vorherrscht, sinnfällig, mit einem Minimum an Theorie für die SchülerInnen erfahrbar zu machen.
Der Unterrichtsverlauf über das gesamte Schauspiel Goethes zielt darauf ab, die SchülerInnen so viel wie möglich aus Vergleichen erschließen zu lassen, z. B. bei der Gegenüberstellung des historischen und des fiktiven Götz, bei der Kontrastierung der Shakespeare-Begeisterung in den Materialien mit deren Umsetzung in dem Drama und bei der Konfrontation von Schülerreaktionen heute mit denen von Goethes Zeitgenossen auf das Schauspiel. Aus direkter Textarbeit gewonnene Interpretationsergebnisse, soweit es um die Charaktere und die Theaterkonzeption Goethes geht, sollen mit eher spielerisch gewonnener Deutung aus szenischem Lesen, insbesondere zu der Sprache des Schauspiels, ergänzt werden.

1 Unterrichtszusammenhang

Die Besprechung des Schauspiels *Götz von Berlichingen mit der eisernen Hand* ist für das 9./10. Schuljahr vorgesehen. Deswegen empfiehlt es sich, einen möglichst erlebnisbetonten Einstieg zu wählen. Wenn dies nicht mit einem gemeinsamen Besuch des Dramas möglich ist – der *Götz* wird nicht mehr so häufig aufgeführt –, sollte der erste Zugang über die Person des Ritters erfolgen.
Wir empfehlen den Weg, die SchülerInnen, bevor sie den Text des Schauspiels gelesen haben, mit der Persönlichkeit des historischen Götz durch die Materialien 1, 1.1 und 1 3 (SH, S. 105 f., S. 111–114) bekannt zu machen.

2 Unterrichtsziele

Die SchülerInnen
- erfahren zunächst nur, dass der Reichsritter Götz von Berlichingen auch Raubritter war und artikulieren ihre ersten Eindrücke zu dem Bild des historischen Götz (SH, S. 105);
- erörtern und notieren Auffälligkeiten zu der Biografie des Ritters (SH, S. 106) (Unverständliche historische Begriffe, wie z. B. Reichsritter, Fehde, Schwäbischer Bund, Reichskammergericht, werden ihnen vorher durch die Lehrkraft mit kurzen Sacherklärungen fotokopiert ausgehändigt.);
- anschließend versuchen sie ein genaueres Persönlichkeitsbild des historischen Götz aus M 1.3. (SH, S. 111–114) zu gewinnen und in Stichworten festzuhalten.

3 Unterrichtsverlauf

3.1 Bildbetrachtung: Der historische Götz (M 1)
Für einen späteren Vergleich mit dem fiktiven Götz ist es wichtig, dass die Impressionen der SchülerInnen ohne Lenkung durch die Lehrkraft zustande kommen.
Ein wahrscheinliches Ergebnis ist: Die Abbildung entspricht nicht dem Klischee des verwegenen, wüsten Raubritters. Die Physiognomie des Ritters wirkt gutmütig und gepflegt wie die eines Mannes, dem man vertrauen kann. Die eiserne Faust mit dem Schwertknauf stellt zwar die Bildmitte dar, erscheint aber nicht bedrohlich. Insgesamt wirkt Götz in seinem Panzer eher wehrhaft als aggressiv.

3.2 Biografie (M 1.1) und Götz von Berlichingen *Mein Fehd und Handlungen* (M 1.3)
Die beiden Texte können in arbeitsteiliger Gruppenarbeit erschlossen werden.
Zu M 1.1: Die für die SchülerInnen unverständlichen historischen Begriffe findet die weitergehend interessierte Lehrkraft kurz und prägnant erläutert in: Das Lexikon der

Weltgeschichte, in: Pleticha, Bd. 5, S. 126 ff. sowie Genaueres zu Fehde und Landfrieden in: Karl Kroeschell: Deutsche Rechtsgeschichte 2, S. 159 ff. (s. Literaturverzeichnis).

Ein von uns vorgenommener Extrakt aus diesen Materialien wird den SchülerInnen fotokopiert vorgelegt, damit sie selbstständig arbeiten können.

Folgende Ergebnisse zu M 1.1 sollten die SchülerInnen schriftlich festhalten, damit sie diese später mit dem Bild von Götz, das Goethe zeichnet, vergleichen können:

- Trotz seiner Fehden erreichte der historische Götz das stattliche Alter von 82 Jahren.
  Als Reichsritter gehörte er dem niederen Adel an und war unmittelbar dem König oder Kaiser unterstellt, ohne Sitz und Stimme im Reichstag. In ihren Besitzungen hatten die Reichsritter bedingte landesherrliche Gewalt.
- Schon mit 24 Jahren verlor Götz seine rechte Hand. Er muss sehr tapfer gewesen sein, weil er sich gleichwohl mit der kunstvoll gefertigten eisernen Ersatzhand an zahlreichen Fehden beteiligte.

Zu den in M 1.1 verwendeten historischen Begriffen sollten sich die SchülerInnen ebenfalls Notizen machen.

Zum Verständnis der **Fehden** reicht zunächst eine vorläufige Erklärung. Die Fehde ist eine seit germanischer Zeit anerkannte Selbsthilfemaßnahme des in seinen Rechten Verletzten gegenüber dem Rechtsbrecher. Eine Fehde musste entsprechend dem Fehderecht angekündigt werden durch den Fehdebrief oder das Werfen des Fehdehandschuhs. Im späten Mittelalter geriet das Fehderecht in Verruf, als so genannte Raubritter es zu Überfall, Raub und Mord missbrauchten. Ritter Götz von Berlichingen berichtet über seine Nürnberger Fehde um 1520: „Ich wusste, dass die Nürnberger über Würzburg zur Frankfurter Messe zogen. Im Spessart kundschaftete ich sie aus und warf sechs von ihnen nieder; darunter war ein Kaufmann, den ich bereits zum dritten Mal in diesem Jahr gefangen und an seinem Gut geschädigt hatte. Die anderen waren Ballenbinder aus Nürnberg. Ich ließ sie niederknien, als wollte ich ihnen die Köpfe und Hände umhauen; aber es war nicht mein Ernst, sondern ich trat dem einen von ihnen nur mit dem Fuß in den Hintern, den anderen gab ich eine hinters Ohr.“ (Pleticha, Bd. 5, S. 126)

Der Schwäbische Bund (1488–1534) war eine Vereinigung zunächst schwäbischer, später auch anderer oberdeutscher Stände zur Wahrung des Landfriedens. Seine Zielsetzungen wurden zunehmend von Kaiser Maximilian I. begünstigt.

Maximilian I., Kaiser 1493–1519

Für das Verständnis von M 1.1 und Goethes Drama ist nur dies wichtig: Maximilian brauchte die Unterstützung der Reichsstände und stimmte deshalb der Reichsreform, z. B. der Einrichtung des Reichskammergerichtes und der Landfriedensordnung, teilweise zu. Damit engte er die Beweglichkeit der Reichsritter ein. Auf der anderen Seite blieb er dem Ritterideal, dem er mit eigenen Werken ein Denkmal setzte (*Theuerdank*, *Weißkunig*), verbunden und wurde der letzte Ritter genannt.

Franz von Sickingen (1481–1523) war wie Götz von Berlichingen Reichsritter, diente mit seinem Söldnerheer u. a. dem Schwäbischen Bund und dem Kaiser Maximilian I. „Als Hauptmann des von ihm gestifteten Landauer Adelsbundes eröffnete er 1522 den Kampf gegen den Erzbischof von Trier. Von seinen Freunden im Stich gelassen, wurde er auf seiner Feste Nauenstein in Landstuhl eingeschlossen und starb an einer Verwundung." (Lexikon der Weltgeschichte, S. 705)
Bauernkrieg: „Die gewaltsame Auseinandersetzung der um Wiederherstellung ihrer alten Rechte und um wirtschaftliche Besserstellung kämpfenden süd- und mitteldeutschen Bauern mit Adel und Geistlichkeit in den Jahren 1524/25 […] Die Neugestaltung des Reichs mit dem Kaiser an der Spitze sollte die Territorialherren zurückdrängen und den Bauern größere politische Rechte einräumen. […] Die Aufstandsbewegung entbrannte im Elsass, in Süd- und Mitteldeutschland (Einfluss des schweizerischen Vorbilds), in Österreich und Tirol. Führer waren Götz von Berlichingen und Georg Metzler im Odenwald […] Zahlreiche Schlösser und Klöster wurden erstürmt. Eine zentrale Führung war nicht vorhanden; auch fehlte es den Bauern an militärischer Ausbildung und Ausrüstung. Ihre unkoordinierten Heerhaufen wurden in getrennten Feldzügen besiegt […]. Die Zahl der bäuerlichen Todesopfer wird auf 100 000 geschätzt. […] Der Bauernaufstand war die bedeutendste Massenerhebung der deutschen Geschichte. Mit ihrer Niederlage wurden die Bauern für lange Zeit als politischer Faktor ausgeschaltet. Hauptnutznießer waren die Landesfürsten, da zugleich die Stellung des Adels geschwächt wurde." (Lexikon der Weltgeschichte, S. 88 f.)
Ergebnisse: Die wichtigsten Ergebnisse aus M 1.1 unter Berücksichtigung weiterer historischer Fakten sind,

a) dass Maximilian I. trotz seiner Verehrung der Ritter sich gezwungen sah, Götz zweimal zu ächten;
b) dass der historische Götz sich für drei Jahre in Gefangenschaft der Stadt Heilbronn befunden hat;
c) dass Götz im Bauernkrieg 1525 tatsächlich zur Übernahme der Hauptmannschaft gezwungen wurde.

Zu M 1.3: Götz von Berlichingen *Mein Fehd und Handlungen*
Wichtig ist, dass Charaktereigenschaften des historischen Götz aus dem Text ermittelt werden.
Götz ist stolz und hält wenig von Unterhandlungen, z. B. „Schwätzer von Cannstatt", SH, S. 113, Z. 2.
Da Götz sich im Recht fühlt, ist er kompromisslos. Lieber will er ein Jahr im Turm liegen, als die Urfehde[1] annehmen. Den Schwäbischen Bund erkennt er als Verhandlungspartner nicht an, sondern nur seinen Fürsten. Er bezeichnet sich selbst als einen tapferen Rittersmann.

1 *Urfehde:* Im Mittelalter Eidschwur zur Beilegung einer Fehde, durch den die beiden Parteien versicherten künftig Friede zu halten.

Überdies ist er korrekt, denn er ist bereit sich den Regeln einer ehrlichen ritterlichen Haft zu unterwerfen. Einer gewaltsamen Gefangennahme widersetzt er sich mit dem Schwert.
Letztlich ist Götz gegenüber den Heilbronnern nicht leichtgläubig. Er sichert durch eine Botschaft seiner Frau an die Ritter Franz von Sickingen und Georg von Frundsberg[1] das Einschreiten seiner Freunde gegen die Heilbronner ab.
In der Überlegenheit, die er durch seine List gegenüber den Heilbronnern gewinnt, zeigt sich wieder Götz' Kompromisslosigkeit und Härte gegen sich selbst. Seine Freunde sollen tun, was sie für richtig halten, auch wenn er dabei sterben muss.

4 Tafelbild

Aus dem von Götz selbst verfassten Text geht dieses Tafelbild hervor:

stolz – kompromisslos – treu gegenüber seinem Herrn, dem Fürsten
Götz
tapfer – umsichtig – hart gegen sich selbst

5 Hausaufgabe

Nachdem die SchülerInnen ein Bild von dem historischen Götz gewonnen haben, erhalten sie 14 Tage Zeit um durch die Lektüre von Goethes Drama den fiktiven Götz kennen zu lernen. Sie sollen sich zu dessen Persönlichkeit Notizen machen. Einige SchülerInnen fertigen stattdessen bei diesem ersten Lesevorgang eine Inhaltsangabe des Dramas an.

1 *Georg von Frundsberg:* Landsknechtführer 1473–1528, diente unter Maximilian I., der ihn 1502 zum Ritter schlug. Seine Bedeutung geht unter anderem daraus hervor, dass Karl V. ihm als kaiserlichem Feldhauptmann den Oberbefehl im Krieg gegen Frankreich übertrug.

Sequenz II:	Götz in Goethes Drama Inhalt des Dramas	2 Stunden

1 Unterrichtszusammenhang

In dieser Sequenz sollen die SchülerInnen ein Persönlichkeitsbild des fiktiven Götz entwerfen und dies mit dem des historischen Ritters vergleichen. Da diese Aufgabe die Lektüre des gesamten Dramas voraussetzt, kann bei dieser Gelegenheit dessen Inhalt ebenfalls festgehalten werden. Bei diesen Unterrichtszielen können sich die SchülerInnen auf die Hausaufgabe der letzten Sequenz stützen.

2 Unterrichtsziele

Die SchülerInnen
- überprüfen anhand des Dramentextes von der Lehrkraft vorgegebene Aussagen über den fiktiven Götz auf ihre Richtigkeit;
- beantworten aufgrund genauer Textkenntnis Fragen der Lehrkraft zu Götzens Persönlichkeit;
- fertigen eine Inhaltsangabe des Dramas an, bei der Götz im Mittelpunkt steht.

3 Unterrichtsverlauf

Die meist als langweilig empfundene Aufgabe traditioneller Charakteristik soll hier vermieden werden.

3.1 Zunächst werden den leistungsschwächeren SchülerInnen teils richtige und teils falsche Aussagen zur Persönlichkeit des Ritters vorgegeben. Diese sollen mit Textbelegen aus dem Drama schriftlich argumentierend bekräftigt oder widerlegt werden. Aus Zeitgründen empfiehlt es sich, die folgenden Aussagen den SchülerInnen fotokopiert auszuhändigen. Am Ende finden sich Angaben zu den Seiten des Schülerheftes, denen die richtigen Antworten entnommen werden können. Beim Fotokopieren sollten sie abgedeckt werden.

1. Der konsequente Götz gibt niemals nach.
2. Götz geht nicht auf Raub aus, weil das dem Ideal der Ritter widerspricht.
3. Götz ist den Fürsten verhasst, aber eine Zuflucht für die Bedrängten.
4. Die Pflichten eines Ritters gelten Götz als überholt.
5. Ein freier Rittersmann wie Götz fühlt sich nur Gott und dem Kaiser verpflichtet.
6. Frei handeln bedeutet für Götz in Papieren verbriefte Freiheiten in Anspruch zu nehmen.
7. Gegenüber den kaiserlichen Räten und Ratsherrn von Heilbronn zeigt sich Götz als Diplomat.
8. Götz will als Gefangener von Heilbronn nur notfalls Gewalt anwenden.

9. Götz nimmt die Führung der Bauern im Bauernkrieg ohne Wenn und Aber an.
10. Am Ende hat Götz den Trost, dass sein Ritterideal ihn überleben wird.

Textvorlage zu Aufgabe (im Folgenden A) 1: SH, S. 13; zu A 2: S. 16 oben; A 3: S. 19 f., A 4: S. 24 unten; A 5: S. 27 f., S. 29 Mitte; A 6: S. 61 Mitte; A 7: S. 79; A 8: S. 83 Mitte; A 9: S. 91; A 10: S. 104.

3.2 Zeitgleich beantworten die leistungsstärkeren SchülerInnen schriftlich Fragen der Lehrkraft um das Persönlichkeitsbild von Götz zu vervollständigen und die Kenntnis des Drameninhalts weiter zu sichern:

1. Weshalb glaubt sich Götz berechtigt seine Freiheit gegenüber den Fürsten zu bewahren?
2. Welche Eigenschaften von Götz werden in der Begegnung mit dem Mönch Martin deutlich?
3. Welchen Eindruck von Götz hat Weislingen, als er Götz' Gefangener ist?
4. Welchen Grund sieht der Bischof von Bamberg gegen Götz einzuschreiten?
5. Wie kann man sich erklären, dass Götz die Warnung vor Weislingen, die er im Traum erhält, missachtet?
6. Mit welchen Argumenten bringt Adelheid Weislingen gegen Götz auf?
7. Ist Götz seinem eigenen Verständnis nach ein Raubritter?
8. Wie sieht die Ständegesellschaft aus, der Götz sich verpflichtet fühlt?
9. Wie reagiert Götz auf den Vorwurf sich rebellischerweise gegen Kaiser und Reich aufgelehnt zu haben?
10. Was entgegnet Götz auf den Vorwurf des Rates von Heilbronn ein Raubritter zu sein?
11. Wie wird Götz vom Volk in der Weinstube beurteilt?
12. Unter welcher Bedingung wird Götz Hauptmann der Bauern?
13. In welchem Gemütszustand befindet sich Götz am Ende des Dramas?
14. Wie denkt Götz über die Zukunft? Wie deutet ihr seine letzten Worte „Freiheit! Freiheit!", SH, S. 104, Z. 15?

Textvorlage zu Frage (im Folgenden F) 1: SH, S. 15; F 2: S. 19 f.; F 3: S. 26 oben; F 4: S. 34; F 5: S. 37; F 6: S. 49; F 7: S. 73; F 8: S. 75; F 9: S. 80; F 10: S. 81; F 11: S. 87 unten; F 12: S. 91; F 13: S. 102; F 14: S. 104.

3.3 Mit Hilfe der Lehrkraft finden die SchülerInnen übergeordnete Gesichtspunkte um die zunächst ungeordnet festgehaltenen Eigenschaften Götzens übersichtlich darstellen zu können:

3.3.1 Götz aus der Sicht seiner Freunde

Er ist das Muster eines Ritters, tapfer und edel in seiner Freiheit und gelassen und treu im Unglück. Freiheitsliebend gegenüber Fürsten und Pfaffen verteidigt er die Bedrängten und lebt in edelstem und einfältigem Vertrauen auf Gott.

Zu seiner Treuherzigkeit und Gutgläubigkeit passt, dass er im Vorteil nachgiebig ist. Er gilt als ein Mann von Wort. Als Tatmensch will er selbst Herr seiner Handlungen sein und weist die Auseinandersetzung mit schriftlichen Dokumenten seiner Freunde stolz von sich. Gewalt will er nur im Notfall anwenden, so z. B. als Gefangener von Heilbronn. Da ihm die Ritterpflicht heilig ist, meint selbst Weislingen, dass die, die sich ihm nahen, ihn nicht hassen können.

3.3.2 Götz in den Augen seiner Feinde

Seinen Feinden erscheint er als übermütig und kühn. Selbst Adelheid attestiert ihm eine „hohe, unbändige Seele". In ihren Augen und aus der Sicht des Bischofs von Bamberg oder der Ratsherrn von Heilbronn gilt er dennoch als Raubritter.

3.3.3 Götzens Vorstellung von seinem Handeln in der Gesellschaft

Götz stellt sich eine Ständegesellschaft in Freiheit vor, in der jeder seinem Oberen frei dient. Er glaubt nur Gott und dem Kaiser verantwortlich zu sein und will diesem in Treue und kindlichem Gehorsam dienen. Wenn er sich nicht freiwillig in den Dienst von Fürsten stellt, hasst er diese sowie die Geistlichen vom Bischof bis zum Pfaffen und die Ratsherrn freier Städte, weil diese in ihrem Machtstreben seine Freiheit einschränken. Er gilt in deren Augen als „Räuber" – eine Bezeichnung, auf die er mit verletztem Ehrgefühl reagiert. Er glaubt nämlich im Recht zu sein, da er seinen Feinden die Fehde erklärt hat und da er sich als Mann von Wort an die Regeln für die Fehde hält.

3.3.4 Die Wandlung der Persönlichkeit des Götz

Anfangs lebt er in fast naiver Übereinstimmung mit seinem Ritterideal und seinen Freiheitsvorstellungen. Als er merkt, dass das Handeln seiner Feinde von den Gesetzen der Macht und der Intrige bestimmt wird, resigniert er und muss am Ende erkennen, dass er sich und seinesgleichen überlebt hat. Tragisch ist für ihn die Einsicht, dass die Bauern ihn zu ihrem Anführer wählten, weil er immer als rechtschaffener Ritter gegolten hatte. Als diese von ihren „Übeltaten" nicht ablassen und auch nicht als „wackre Leute" handeln, wie er es von ihnen gefordert hat, sagt er sich zwar von ihnen los, aber kann nicht mehr zu dem alten naiven Konsens mit seinen Idealen zurückfinden. Auf dem Hintergrund des Satzes: „Die Nichtswürdigen werden regieren mit List und der Edle wird in ihr Netz fallen" (SH, S. 104, Z. 11 f.) klingt sein letzter Ruf nach Freiheit wie die Beschwörung eines Verzweifelten, der seinen Glauben an das Fundament dieser Freiheit verloren hat.

3.4 Die SchülerInnen vergleichen das Persönlichkeitsbild des Götz aus Goethes Drama mit dem aus den Materialien M 1.1 und M 1.3. Sie stellen fest, dass Götz in dem Drama viel differenzierter charakterisiert wird. Götz hat sich in *Mein Fehd und Handlungen* (M 1.3) selbst kein schlechtes Zeugnis ausgestellt (vgl. LH, S. 22, Tafelbild), aber Goethe hat ihn zum Musterbild eines Ritters idealisiert. Gleichwohl unterschlägt Goethe nicht, dass seine Feinde Götz für einen Raubritter halten.

Während die Materialien eher ein statisches Persönlichkeitsbild von Götz vermitteln, unterwirft Goethe den Ritter einem Wandel von einem Menschen, der sich zunächst im Einklang mit seinen Idealen befindet, der aber am Ende erkennen muss, dass er sich selbst überlebt hat, und resigniert, wenngleich seine letzten Worte der Freiheit gelten.

Goethe hat Götz auch in einen starken Gegensatz zu den Fürsten, der Kirche und zu dem „karrierebewussten“ Weislingen gestellt um ihn in diesem Konflikt gleichsam als letzten Ritter alter Schule tragisch scheitern zu lassen.

3.5 Um eine Ergebnissicherung sowohl des Persönlichkeitsbildes von Götz als auch der Handlung des Dramas zu erhalten sollen die SchülerInnen in arbeitsteiliger Gruppenarbeit eine knappe auf Götz zentrierte Inhaltsangabe anfertigen.
Aufgabe: Schreibt eine kurze auf Götz zentrierte Inhaltsangabe des Dramas. Versucht Charaktereigenschaften von Götz in die Inhaltsangabe einzuarbeiten. Fangt so an: Götz will seinem Jugendfreund Weislingen auflauern, der für den Bischof von Bamberg gegen ihn intrigiert. Ein vorüberkommender Klosterbruder weiß jedoch, dass Götz kein gemeiner Wegelagerer ist. Der Mönch bewundert den tapferen und starken Ritter, den die Fürsten hassen und an den die Bedrängten sich wenden.

3.6 Hausaufgabe
Die SchülerInnen bereiten in arbeitsteiliger Gruppenarbeit eine Charakteristik der Hauptpersonen des Dramas vor, und zwar: **Gruppe 1:** Weislingen und Franz; **Gruppe 2:** Adelheid; **Gruppe 3:** Elisabeth und Maria; **Gruppe 4:** Hans von Selbitz und Franz von Sickingen; **Gruppe 5:** Georg und Lerse; **Gruppe 6:** Die Geistlichen in Bamberg und Liebetraut.

Sequenz III: Die übrigen Personen und der Kreis um den Bischof von Bamberg — 2 Stunden

---

1 Unterrichtszusammenhang

Die Charakterisierung der übrigen Personen kann sich auf die in arbeitsteiliger Gruppenarbeit vorbereitete Hausaufgabe stützen. Die Lehrkraft wird dabei berücksichtigen müssen, dass die SchülerInnen das Drama der offenen Form mit seinen zahlreichen Schauplätzen und dem raschen Wechsel des Geschehens bisher noch nicht im Detail überschauen. Deshalb stellt die Lehrkraft den Arbeitsgruppen jetzt gezielte Fragen zu den Personen, damit sie ihre vorläufigen Erkenntnisse sichern können. Ziel ist es, nicht nur ein statisches Persönlichkeitsbild der Akteure zu erhalten, sondern auch zu erkennen, wie diese die Handlung des Dramas beeinflussen und sich dabei treu bleiben oder wandeln.

2 Unterrichtsziele

Die SchülerInnen
– machen sich ein Bild von allen Personen und der Geistlichkeit in Bamberg;

- beachten bei den Charakteren, in welchen Konfliktfeldern sie sich bewegen;
- stellen fest, ob diese sich gleich bleiben oder sich wandeln;
- versuchen am Ende eine Übersicht der Beziehungen aller Personen zueinander zu entwerfen.

3 Unterrichtsverlauf

3.1 Beginn mit arbeitsteiliger Gruppenarbeit
Jede Gruppe erhält Arbeitsaufträge zu den von ihr zu erschließenden Personen.

Gruppe 1: Weislingen und Franz

Weislingen
a) Weist nach, dass Weislingen sich in seinem Handeln am wenigsten treu bleibt.
b) Was macht Weislingen für sein Handeln verantwortlich?
c) Verdeutlicht, inwiefern Weislingen ein betrogener Betrüger ist.
d) Wodurch lässt Goethe erkennen, dass er Weislingen nicht für ganz und gar verwerflich hält?

Franz
a) In welcher Beziehung ist Franz mit Weislingen vergleichbar?
b) Wodurch wird Franz dennoch zum Schurken des Dramas?

Antworten zu Weislingen
Weislingen ist ein Jugendfreund von Götz, mit dem zusammen er Knabe (Knappe) gewesen ist. Obwohl er Götz' Kampf gegen die „Herrschsucht und Ränke" von Seiten der Fürsten und des Bischofs von Bamberg kennt, ist er treulos ein Höfling des Bischofs geworden und intrigiert gegen Götz. Als Gefangener von Götz lässt er sich von dessen rauhem Charme umbiegen und wird nun umgekehrt dem Bischof treulos, indem er beteuert nicht mehr an dessen Hof zurückkehren zu wollen. Er verlobt sich sogar mit Götz' Schwester Maria und preist den Tag, an dem Götz ihn gefangen hat: „Gesegnet sei dein Bruder und der Tag, an dem er auszog mich zu fangen!" (SH, S. 36, Z. 6 f.) – „Hier fass ich Eure Hand. Lasst, von diesem Augenblick an, Freundschaft und Vertrauen, gleich einem ewigen Gesetz der Natur, unveränderlich unter uns sein!" (SH, S. 36, Z. 29 ff.)
Indem er jedoch wankelmütig wieder an den Hof des Bischofs zurückkehrt, bricht er Götz und zugleich seiner Verlobten Maria abermals die Treue. Unter dem Einfluss Adelheids bringt er den Kaiser dazu, Götz zu ächten, und Weislingen verurteilt diesen heimlich, als er im Gefängnis ist, zum Tode. Selbst dem Tode nahe, hebt er auf Fürbitte Marias das Todesurteil wieder auf.

Antworten zu Franz

zu a) Wie Weislingen ist auch Franz nicht von Grund auf böse. Er gleicht aber seinem Herrn in der Willensschwäche und leichten Verführbarkeit durch Adelheid.

zu b) Da der sich aber von der skrupellosen Adelheid überreden lässt seinen Vater Weislingen zu vergiften, wird deutlich, dass sich seine Willensschwäche mit Gewissenlosigkeit paart. Weil er sich auch noch der gerechten Strafe durch Selbstmord entzieht, steht er letztlich als Schurke da.

Gruppe 2: Adelheid

a) Was lässt die LeserInnen bei der ersten Einschätzung Adelheids schwanken?

b) Wodurch wird Adelheid Götz, Weislingen und Franz zum Verhängnis?

c) Ist Adelheid eine gefühlskalte Frau?

zu a) Adelheid ist von so ungewöhnlicher Schönheit, dass Franz, wie geblendet, gegenüber Weislingen ihre Vorzüge preist, z. B. „[...] ein Engel in Weibesgestalt macht es [Bamberg, E. M.] zum Vorhofe des Himmels." (SH, S. 39, Z. 27) – „Das ist eben, als wenn Ihr sagtet: ‚Ich hab die Musik gesehen.' Es ist der Zunge so wenig möglich, eine Linie ihrer Vollkommenheit auszudrücken, da das Aug sogar in ihrer Gegenwart sich nicht selbst genug ist." (SH, S. 39, Z. 33 ff.) – „Adel und Freundlichkeit herrschten auf ihrer Stirn." (SH, S. 40, Z. 7) „Wenn sie einen ansieht, ist's, als wenn man in der Frühlingssonne stünde." (SH, S. 40, Z. 22 f.)

Angesichts solcher äußeren Vorzüge kann sich der Leser/die Leserin zunächst nicht vorstellen, wie ehrgeizig, herrschsüchtig, intrigant, berechnend und durchsetzungsfähig Adelheid tatsächlich ist.

zu b) Adelheid wird Götz dadurch zum Verhängnis, dass sie durch ihre raffinierte Verführungskunst Weislingen wieder in das Bamberger Lager zurückholt und ihm mit sophistischer Schläue und Schmeichelei alle Skrupel Götz gegenüber ausredet. „Geh und bilde dir ein, Geselle von ihm zu sein. Geh! und lass dich beherrschen. Du bist freundlich, gefällig –" (SH, S. 49, Z. 20 f.) – „Aber du bist nachgebend und er nicht! Unversehens wird er dich wegreißen, du wirst ein Sklave eines Edelmanns werden, da du Herr von Fürsten sein könntest. – Doch es ist Unbarmherzigkeit, dir deinen zukünftigen Stand zu verleiden." (SH, S. 49, Z. 23–26) – „Willst du unser Feind sein und wir sollen dir lächeln? Geh!" (SH, S. 50, Z. 8) Adelheid führt Weislingen am Band seiner Leidenschaft, redet jedoch aufreizend nur von Politik. „Geh, Weislingen, und vollende das Werk. Der Vorteil des Bischofs, der deinige, der meinige, sie sind so verwebt, dass, wäre es auch nur der Politik wegen –" (SH, S. 54, Z. 19 ff.)

Als sie alle Verführungskünste gegenüber Weislingen angewendet hat, bezeichnet sie dieser am Ende, ihr hoffnungslos ergeben, als „Zauberin". (SH, S. 54, Z. 36)

Nüchtern betrachtet ist Adelheid ein weiblicher Macchiavelli, weil sie ihr gesamtes Handeln skrupellos dem Machtstreben unterwirft, aber durch ihre betörende Weiblichkeit und Unberechenbarkeit wirkt sie auf Weislingen und Franz dämonisch.

zu c) Adelheid setzt eindeutig Prioritäten zugunsten von Macht und Reichtum, aber sie ist trotz aller Verworfenheit nicht gefühlskalt. Wenngleich sie gegenüber Franz zur Liebe fähig ist: („Die Tränen stehn ihm in den Augen. Ich lieb ihn von Herzen.“, SH, S. 62, Z. 6, missbraucht sie diesen schließlich doch als Werkzeug.

Gruppe 3: Elisabeth und Maria

Elisabeth

a) Beschreibt das Verhalten Elisabeths und folgert daraus Charaktereigenschaften.
b) Welche ist die wichtigste Funktion, die Elisabeth in dem Drama übernimmt?

zu a)

- Sie sorgt nicht nur für den Haushalt, sondern während der Belagerung der Burg Jagsthausen auch für Götz' Mannschaft.
- Bei Götz' Aussöhnung mit Weislingen verhält sie sich skeptisch.
- Sie billigt das gefahrvolle Leben von Götz, das aus seinem Widerstand gegen Fürsten, Geistlichkeit und freie Reichsstädte erwächst.
- Sie ist bereit an der Seite des geächteten Götz bis zu dessen Tod auszuhalten.
- Sie bewahrt Götz vor der Hinrichtung, indem sie Maria als Fürsprecherin zu Weislingen schickt.
- Als Götz todkrank ist, versucht sie sein Selbstwertgefühl aufzurichten, indem sie ihm seinen guten Ruf als Ritter vor Augen führt.
- Bei Götz' Ende bewahrt sie durch Selbstbeherrschung Würde. Elisabeth ist eine treue, starke, umsichtige, realistische, mitdenkende und mitfühlende Lebensgefährtin für Götz in guten und schlechten Tagen.

zu b) Weil die integre Elisabeth immer zu Götz hält, wird dessen moralische Unanfechtbarkeit als Ritter bestätigt.

Maria

Inwiefern erfüllt Maria in diesem Drama die Rolle einer Kontrastfigur?

Durch ihre anspruchslose, auf das Wohlergehen anderer gerichtete Frömmigkeit ist Maria eine Kontrastfigur zu Adelheid. Benutzt diese andere Personen, z. B. Weislingen und Franz, als Mittel zur Durchsetzung ihres Machtstrebens, wendet sich Maria einfühlsam und hilfreich ihrer Umwelt zu. Weislingen und Franz haben die Sanftmut, Unschuld und Hilfsbereitschaft Marias erkannt, so z. B. Weislingen: „Meine sanfte Marie wird das Glück meines Lebens machen. Ihre süße Seele bildet sich in ihren blauenAugen. Und weiß wie ein Engel des Himmels, gebildet aus Unschuld und Liebe, leitet sie mein Herz zur Ruhe und Glückseligkeit.“ (SH, S. 40, Z. 26–29)
Franz hebt den Unterschied noch deutlicher hervor: „Maria ist liebreich und schön und einem Gefangenen und Kranken kann ich's nicht übel nehmen, der sich in sie verliebt. In ihren Augen ist Trost, gesellschaftliche Melancholie. – Aber um dich, Adelheid, ist Leben, Feuer, Mut –“ (SH, S. 40, Z. 31–34)
Mit ihren Eigenschaften kann Maria Verständnis für Götz' Sohn Karl aufbringen, der in seiner Ängstlichkeit gar nicht nach seinem Vater geraten will, und sie vermag sogar das durch Götz verkörperte Ritterideal kritisch zu sehen: „Du tust besser,

Karl! […] Die rechtschaffensten Ritter begehen mehr Ungerechtigkeit als Gerechtigkeit auf ihren Zügen." (SH, S. 22, Z. 19–22) Sie nimmt anfangs den treulosen Weislingen gegen Elisabeth in Schutz (vgl. SH, S. 22), und nachdem diese Recht behalten hat, vergisst Maria die große Kränkung, die Weislingen ihr zugefügt hat, geht zu diesem als Bittstellerin für Götz und spendet ihm Trost beim Sterben: „Lass mich bleiben. Du bist allein. Denk, ich sei deine Wärterin. Vergiss alles. Vergesse dir Gott so alles, wie ich dir alles vergesse." (SH, S. 100, Z. 37 f.)
Maria ist mit ihrer Sanftmut eine Kontrastfigur zu dem kämpferischen Götz, mit ihrer reinen Seele hebt sie sich von den verworfenen Franz und Weislingen ab und auf dem Hintergrund ihrer schlichten und demütigen Nächstenliebe werden die Ränke des Bamberger Hofes umso sichtbarer.

Gruppe 4: Hans von Selbitz und Franz von Sickingen
Durch diese beiden Verbündeten ist Götz nicht der einzige Vertreter des aussterbenden Rittertums.
Durch welche Eigenschaften vervollständigen sie das von Goethe positiv gezeichnete Bild der für ihre Rechte kämpfenden Ritter?
Hans von Selbitz ist einfacher strukturiert als Götz. Er ist aber ebenso treu, mutig und unverzagt, er teilt das Feindbild Götzens (vgl. SH, S. 44), ist in der Einschätzung Weislingens jedoch realistischer: „Eure Versöhnung war ein wenig zu schnell, als dass sie dauerhaft hätte sein sollen." (SH, S. 46, Z. 30 f.) Als Götz die Treulosigkeit Weislingens einsehen muss, bezeichnet Selbitz diesen in seiner direkten Art als „Hundsfott". (SH, S. 52, Z. 3) Angesichts der Rechtsverdrehungen des Assessors Sapupi kommentiert Selbitz selbstironisch gegenüber Götz: „Wir sind Räuber!" (SH, S. 56, Z. 13), ein Zeichen dafür, dass er von der Rechtmäßigkeit seines Handelns voll überzeugt ist.
Indem sich der angesehene Reichsritter Franz von Sickingen mit Götz verbindet – Sickingen hofft sogar auf den Kurfürstenhut (vgl. SH, S. 84) –, trägt er dazu bei, Götzens Kampf gegen Fürsten, Geistlichkeit und freie Reichsstädte auf eine höhere politische Ebene zu heben. Als Sickingen die von Weislingen betrogene Maria zur Frau begehrt, zeigt er Liebe und Großmut. (Vgl. SH, S. 59) Götz erkennt das große politische Gewicht von Sickingens Beistand und bittet diesen um scheinbare Neutralität. (Vgl. SH, S. 60) Des ungeachtet stellt Sickingen die Bündnistreue zu Götz sogar über seine Verbindung zu Maria: „Ich will ihr Bette nicht besteigen, bis ich Euch außer Gefahr weiß." (SH, S. 72, Z. 21)
Als er von dem Meineid der Ratsherrn von Heilbronn erfährt, ist er für Götz sowohl ein diplomatischer Ratgeber (Götz soll sich auf seinen Besitz zurückziehen und ruhig verhalten, SH, S. 83 f.) als auch ein spontaner Draufgänger für die gemeinsame Sache: „Trier und Pfalz vermuten eher des Himmels Einfall, als dass ich ihnen übern Kopf kommen werde. Und ich will kommen wie ein Hagelwetter!" (SH, S. 84, Z. 11 ff.)

Gruppe 5: Georg und Lerse

Georg begegnet uns zum ersten Mal im Panzer eines erwachsenen Ritters. Diensteifrig will er sein Idol Götz, der viel Sympathie für den tapferen Jungen zeigt, auf dessen Raubzügen begleiten. Bald kommt für den Buben die erste Bewährungsprobe, als er die Treue des von Götz abgefallenen Weislingen in Bamberg erproben soll. Diesen Auftrag erledigt er klug und unerschrocken und beweist mit seiner unverstellten, undiplomatischen Rede, dass er ein getreues Abbild seines Herrn und das Gegenteil des wankelmütigen Weislingen ist: „Ich sagte, es gäbe nur zweierlei Leut, brave und Schurken, und ich diente Götzen von Berlichingen." (SH, S. 51, Z. 33 f.) Später, als ein Reichsheer Götz in Acht und Bann werfen will, zeigt Georg auch seine Tapferkeit als kämpfender Ritter und rettet Götz das Leben. (Vgl. SH, S. 69) Er verliert auch seinen hohen Mut nicht, als eine Übermacht Götz in Jagsthausen belagert. (SH, S. 72)

Als Götz sich in seiner Todesstunde nach Georg sehnt, der im Kampf als ehrenhafter Ritter gefallen ist (vgl. SH, S. 103), wird Götz bewusst, dass er sich selbst überlebt hat. Doch diese Gewissheit löst erst die Erkenntnis von Georgs Tod aus, der in anderen Zeiten Götz' Format hätte erreichen können. „Er ist tot – Georg ist tot. – Stirb, Götz – du hast dich selbst überlebt, die Edeln überlebt." (Vgl. SH, S. 104, Z. 3 f.)

Lerse

Lerse stößt erst im dritten Akt als „stattlicher Mann, mit schwarzen feurigen Augen" (SH, S. 62, Z. 10 f.) zu Götz, dem er im Zweikampf tapfer zugesetzt hat. Götz, der Lerse anfangs nicht erkannt hat, wird sich schnell bewusst, dass er einen überaus wertvollen Gefolgsmann gewonnen hat: „Kannst du sagen, Maximilian [der von Götz verehrte Kaiser, E. M.], du hast unter deinen Dienern *einen* so geworben!" (SH, S. 63, Z. 12 f.)

Ähnlich wie Georg kommt Lerse Götz in höchster Bedrängnis zur Hilfe. (Vgl. SH, S. 67) Unerschrocken verlässt er Götz' belagertes Schloss, damit er freies Geleit für diesen erreichen kann. (Vgl. SH, S. 74) Als Götz Anführer der Bauern ist, sorgt Lerse für die Sicherheit Elisabeths in Jagsthausen. (Vgl. SH, S. 93) Er übernimmt auch die Rolle, Götz' zeitweilige Führung der zügellosen aufständischen Bauern ins rechte Licht zu rücken: „Müssten nicht Fürsten und Herrn ihm Dank wissen, wenn er freiwillig Führer eines unbändigen Volks geworden wäre um ihrer Raserei Einhalt zu tun und so viel Menschen und Besitztümer zu schonen?" (SH, S. 93, Z. 23 ff.) Durch ihre Redlichkeit tragen Lerse und Georg dazu bei, nicht nur Götz, sondern auch dessen Gefolgsleute zu idealisieren. Mit dem schlichten und braven Ritter Lerse hat Goethe seinem gleichnamigen Straßburger Freund ein positives Andenken bewahrt, so wie es Schiller mit der Figur des Pfarrers Moser in den *Räubern* getan hat.

Gruppe 6: Der Kreis um den Bischof von Bamberg

Wenn man einzelne Höflinge des Bischofs mit Ausnahme von Liebetraut als Charaktere bezeichnet, tut man ihnen eigentlich zu viel Ehre an. Dennoch darf man nicht verkennen, weshalb Goethe sie in einer relativ breiten Szene schwadronieren lässt. Mit ihrer Oberflächlichkeit und Geltungssucht stellen sie sich vorbehaltlos hinter den Bischof, der seinerseits hohe Erwartungen in den Kaiser setzt. Anders als Götz ist er aber nicht ein Gefolgsmann des ritterlichen Kaisers Maximilian, sondern er erhofft sich von einem staatsklugen Kaiser, dass er „gegen die Feinde des Reichs und der Christenheit ziehen" (SH, S. 34, Z. 7) wird, damit der Bischof der Reichsritter vom Schlage eines Sickingen, Selbitz und vor allem eines Götz von Berlichingen entledigt wird, der den Landfrieden missachte und das Reich zu einer „Mördergrube" mache.

Das von Liebetraut verspottete eitle Geschwätz der Würdenträger am Bamberger Hof soll aufzeigen, dass Götz von diesen scheinbar harmlosen, weinseligen und bequemen Hofschranzen echte Gefahr droht; denn der Bischof, der deren eitlen Diskurs schätzt, ist nicht unpolitisch. Klar verfolgt er sein Ziel, mit Hilfe des verräterischen Weislingen, den er „den edelsten, verständigsten und angenehmsten Ritter in *einer* Person" (SH, S. 34, Z. 23) nennt, den Kaiser in Augsburg gegen die Feinde des Reiches und der Christenheit aufzubringen.

Nebenbei kritisiert Goethe in der unfreiwillig ironisierenden Figur des Olearius wohl auch die reaktionäre und verkrustete Buchgelehrsamkeit von Juristen seiner eigenen Zeit und führt einen Seitenhieb auch gegen den zeitgenössischen Adel, der sich auf seinen Lorbeeren ausruht: „Man pflegt im Sprichwort auf der Akademie zu sagen: ‚So fleißig wie ein Deutscher von Adel.'" (SH, S. 30, Z. 13)

Liebetraut mit Mutterwitz und Schlagfertigkeit in der Rolle eines Hofnarren hat nicht nur die Aufgabe zu verdeutlichen, dass der Bischof die selbstgefällige Dummheit seiner Höflinge gegen Götz instrumentalisieren kann, er eignet sich auch als ‚geschickter Gesandter' für den Bischof selbst und für Adelheid um Weislingen für die gemeinsame Sache zu gewinnen: „Wenn ich ihn nicht herbanne, so sagt: Ein altes Weib, das Warzen und Sommerflecken vertreibt, versteht mehr von der Sympathie als ich." (SH, S. 43, Z. 21 f.)

Mit folgenden Arbeitsaufträgen sollen die SchülerInnen sowohl die Funktion der Szene „Im bischöflichen Palast zu Bamberg" (SH, S. 30 ff.) als auch die Anstelligkeit Liebetrauts als Lockvogel (vgl. SH, S. 43, Z. 21 f.) erkennen:

- Welche Gemeinsamkeiten und Unterschiede entdeckt ihr auf dem Gruppenbild der Geistlichkeit in Bamberg? (Vgl. SH, S. 31)
- Wodurch hebt sich Liebetraut auf diesem Bild von den anderen Personen ab?
- Versucht Gemeinsamkeiten der Höflinge in dem Text der Szene (SH, S. 30 ff.) herauszufinden.
- Weist nach, dass der Bischof von Bamberg klare politische Ziele verfolgt.
- Wie fügt sich die Eitelkeit und Dümmlichkeit der Höflinge in die Gesamthandlung des Dramas?
- Das Szenenbild auf S. 42 zeigt, dass Liebetraut eine besondere Rolle zufällt. Beschreibt diese sowohl in der Szene „Im bischöflichen Palaste zu Bamberg" als auch in der Szene „Bamberg. Ein Saal". (SH, S. 41 ff.)

3.2 Die Beziehungen der Personen zueinander

Die gesamte Lerngruppe stellt eine Übersicht über das Beziehungsgefüge der Personen des Dramas her:

- Dieses dient zu einer komprimierten Zusammenfassung der wichtigsten Charakterzüge und zeigt ferner,
- dass sich aus dem grundsätzlichen Konflikt der um ihre Freiheit kämpfenden freien Reichsritter Götz von Berlichingen, Franz von Sickingen und Hans von Selbitz gegen Fürsten, Klerus und freie Reichsstädte zwei Lager bilden:

Die Gruppierung um Götz, die besteht aus:

a) verwandtschaftlichen Bindungen zu dessen Frau Elisabeth, deren Schwester Maria und später zu Franz von Sickingen;

b) dem Zusammenschluss der freien Reichsritter Götz von Berlichingen, Franz von Sickingen und Hans von Selbitz;

c) treu ergebenen Gefolgsleuten bzw. engen Freunden von Götz, repräsentiert durch Georg und Lerse.

Das Götz feindlich gesinnte Lager, das besteht aus:

a) Adelheid, die eher aus persönlichem Machtstreben eine Feindin von Götz ist;

b) Weislingen und dessen Sohn und Knappe Franz, die von Adelheid manipuliert werden;

c) der Geistlichkeit in Bamberg, die unter der Führung des Bischofs Götz prinzipiell als „Feind des Reiches und der Christenheit“ bekämpfen, und aus dem Kaiser, der Götz unter dem Einfluss Weislingens und indirekt Adelheids ächtet.

Aus darstellungstechnischen Gründen werden die beiden Lager in dem folgenden Tafelbild in Spalten dargestellt, die die Beziehungen zwischen den Personen optisch nicht so deutlich darstellen können. Deswegen wird für die Unterrichtspraxis ein anderes Verfahren empfohlen. Die einzelnen Gruppen fassen ihre Charakteristik auf einem halben DIN-A4-Blatt (entsprechend den Spalten) kurz zusammen. Auf einer Ansteckttafel werden die Charaktere „Götz und sein Lager“ links, „Götzens Feinde“ rechts aufgesteckt. Dabei besteht eine gewisse Freiheit in der Reihenfolge. Jedoch sollten Götz in der linken und Weislingen in der rechten Anordnung einen Mittelplatz einnehmen und die Frauengestalten in der Reihenfolge Elisabeth, Maria, Adelheid nebeneinander gestellt werden.

Bei dieser großflächigen Synopse können zwischen den einzelnen Personen Verbindungslinien gezogen werden, auf denen zusammengefasst steht, was die Beziehung zwischen den Personen im Wesentlichen ausmacht, z. B.

wirbt um den Jugendfreund

Götz ———————————————— Weislingen

später Feinde durch Weislingens Treulosigkeit

3.3 Tafelbild in Spalten

Lager von Götz

Sickingen	Selbitz	Georg/Lerse	Götz	Elisabeth
Götz' Ratgeber, stellt Treue zu Götz über alles, hebt Götz' Kampf gegen Fürsten, Geistlichkeit und freie Reichsstädte auf eine höhere politische Ebene	treu, mutig und unverzagt wie Götz, realistisch in der Einschätzung Weislingens	Georg ist getreues Abbild seines Herrn. Götz sehnt sich nach ihm in seiner Todesstunde. Durch ihre Tapferkeit und Redlichkeit tragen Georg und Lerse zur Idealisierung von Götz bei.	Muster eines Ritters: tapfer, gelassen und treu, fühlt sich nur Gott und dem Kaiser verantwortlich, freiheitsliebend gegenüber Fürsten und „Pfaffen", verteidigt die Bedrängten, Feinde halten ihn für einen übermütigen und kühnen Raubritter, zunächst im Einklang mit seinen Idealen, am Ende Resignation	treue, starke, umsichtige, realistische, mitdenkende und mitfühlende Gattin, die dem geächteten Götz bis zu seiner Todesstunde beisteht

Götz' Feinde

Adelheid	Weislingen	Franz	Geistlichkeit in Bamberg
ehrgeizig, herrschsüchtig, intrigant, unterwirft ihr gesamtes Handeln skrupellos dem Machtstreben, betörende Weiblichkeit, wirkt auf Weislingen und Franz, die ihr verfallen sind, dämonisch, manipuliert sie, holt Weislingen ins Bamberger Lager zurück und wird dadurch Götz zum Verhängnis	wankelmütig, treulos, Höfling des Bischofs, trägt zur Ächtung von Götz bei, verurteilt diesen zum Tode, hebt Todesurteil auf Fürbitte Marias wieder auf	zunächst Weislingen ergeben, später sein Mörder, gleicht seinem Herrn in der Willensschwäche und leichten Verführbarkeit durch Adelheid, gewissenlos, Schurke	oberflächlich und geltungssüchtig, steht vorbehaltlos hinter dem Bischof, der Götz als Feind des Reiches und der Christenheit bekämpft, Liebetraut verspottet eitles Geschwätz der Würdenträger, ist geschickter Gesandter des Bischofs und Adelheids

1 Unterrichtszusammenhang

In dieser Sequenz soll den SchülerInnen bewusst werden, dass Goethe mit dem *Götz von Berlichingen* in der Gestaltung von Raum, Zeit und Handlung etwas Neues geschaffen hat, indem er sich von den drei Einheiten des Aristoteles und dem an diesem orientierten Regelzwang französischer Vorbilder freimachte. Diese Einsicht kann zwanglos durch die Lektüre der Materialien M 2.1 bis M 2.4 gewonnen werden. (Vgl. SH, S. 114–121) Die Texte M 2.1 bis M 2.3 sind zu komplex, als dass sie sogleich miteinander verglichen werden können. Es empfiehlt sich also, vor einer Zusammenfassung die Materialien einzeln zu behandeln. Deswegen werden auch die mit diesen Texten verfolgten Intentionen nach der Benennung der übergeordneten Unterrichtsziele getrennt aufgeführt.

2 Unterrichtsziele

Die SchülerInnen
- erklären, weshalb Herder, den Goethe als kritischen Ratgeber bei der Abfassung seines Dramas schätzte, und Goethe selbst sich für Shakespeare begeisterten;
- stellen fest, welche neuen Möglichkeiten Goethe in der Nachahmung Shakespeares sah.

zu M 2.1: Johann Gottfried Herder *Shakespear* (SH, S. 114 f.)
Die SchülerInnen
- vergewissern sich in einem Schauspielführer über die Handlung von *Macbeth*;
- erkennen, dass die Idealisierung der Handlungsorte nicht Verschönerung, sondern notwendige Orientierung an der Sache bezweckte;
- halten die zentrale Aussage des Textes fest, dass „es durchaus nicht gleichgültig ist, wo und unter welchen Umständen etwas geschehe“;
- suchen nach Beispielen für die geglückte Funktionalität der Handlungsorte;
- befragen den Text darauf, ob er sich eher für die Einheit des Ortes oder für den Wechsel der Räume ausspricht;
- stellen fest, womit der Text am Schluss den Wechsel der „Gegenden“ begründet;
- erörtern, wohin Shakespeare seine Handlung nur hätte verlegen können, wenn er sich an die Einheit des Ortes gehalten hätte;
- fragen, was Shakespeares Drama verloren gegangen wäre, wenn z. B. die Hexenszene auf der Heide oder die mit dem heranziehenden Walde fehlen würden.

zu M 2.2: Johann Wolfgang Goethe *Dichtung und Wahrheit* (SH, S. 115 ff.)
Die SchülerInnen

- erkennen, dass Goethe sich eingangs mit der Berufung auf Shakespeare gegen die Einheit des Ortes und der Zeit wendet;
- dass die traditionellen Theaterregeln für Goethes „historische Behandlungsart“, für seine „Einbildungskraft“ und für die „lebendigen Ereignisse“ zu wenig Raum ließen;
- stellen fest, dass sich Goethe von den überkommenen Vorschriften zur Gestaltung seines Götz freigemacht hatte: „[…] ohne dass ich einen Entwurf oder Plan vorher aufgesetzt hätte.“ (SH, S. 115, Z. 33);
- suchen nach Beispielen dafür, was Goethe mit seiner Selbstkritik gemeint hat, unter Verzicht auf die Einheit der Zeit und des Ortes der höheren Einheit des *Götz* geschadet zu haben;
- befragen den Text des Dramas darauf, was Goethe unter „dem historischen und nationalen Gehalt“ versteht, den er seinem Schauspiel geben wollte;
- untersuchen die ihnen vorliegende Fassung des *Götz* von 1773 darauf, ob und inwieweit Goethe beim Umschreiben des *Ur-Götz* zu der auf den damaligen Bühnen üblichen Einheit der Zeit und des Ortes zurückgekehrt ist.

zu M 2.3: Johann Wolfgang Goethe *Zum Schäkespears Tag* (SH, S. 117–120)
Die SchülerInnen

- stellen fest, dass Goethe zur Betrachtung einer einzigen Fußspur von Shakespeare auffordert, die „unsere Seele feuriger“ (SH, S. 117, Z. 22) mache;
- beschreiben die sprachlichen Ausdrucksformen, in denen sich Goethes Begeisterung über Shakespeare äußert (SH, S. 117 unten: Dopplungen der Verben, Metaphern, Superlative, sprachliche Entgrenzungen);
- halten fest, wie sich Goethes Überschwang darüber äußert, dass er mit der Entdeckung Shakespeares „keinen Augenblick“ zweifelte, „dem regelmäßigen Theater zu entsagen“, SH, S. 118, Z. 3 (Metaphernkette: Kerker, Fesseln, freie Luft, Loch, sich krümmende freie Seelen, berstendes Herz; Ankündigung einer Fehde dagegen: Türme zusammenschlagen. Fazit: Versammlung des Vokabulars des Sturm und Drang auf engstem Raum);
- erkennen, dass sich Goethes „kritische Spitze“ trotz der drei Einheiten des Aristoteles nicht gegen die von ihm bewunderten Griechen wendet, sondern gegen die Franzosen als deren traurige Nachahmer: „Französchen, was willst du mit der griechischen Rüstung, sie ist dir zu groß und zu schwer.“ (SH, S. 118, Z. 21 f.);
- machen sich am Inhalt einiger Shakespeare-Dramen klar (Schauspielführer), was unter Haupt- und Staatsaktionen zu verstehen ist;
- klären, was Goethe damit meinte, dass nichts so Natur sei wie Shakespeares Menschen. (Es handelt sich um „kolossalische“ Charaktere, die der Realität entsprechend auch böse sein können);

- verdeutlichen z. B. an den Charakteren von Götz und Adelheid, dass Goethe sich bei dem Entwurf seiner Menschenbilder an Shakespeare orientiert hat;
- übertragen die Formulierung „geschnürt und geziert“ auf die Tradition französischer Dramen, die Goethe ablehnt;
- fassen zusammen, was Goethe ironisch unter „dem Elysium des so genannten guten Geschmacks“ (SH, S. 120, Z. 12 f.) versteht.

Zu M 2.4: William Shakespeare *Macbeth* (SH, S. 120 f.)
Die SchülerInnen
- führen sich am Beispiel von *Macbeth* vor Augen, wie Shakespeare mit den Schauplätzen seiner Dramen umgeht;
- vergleichen die Handlungsorte von Goethes *Götz* mit denen von Shakespeares *Macbeth* (entsprechend den Arbeitsanregungen 2 und 3 im SH, S. 121).

3 Unterrichtsverlauf

3.1 Die Texte M 2.1 bis M 2.4 können von den SchülerInnen ohne ein Minimum an Kenntnis in Dramentheorie nicht nachvollzogen werden. Die Lehrkraft sollte ihnen also anfangs im Lehrervortrag erklären, was unter den drei Einheiten im aristotelischen Drama zu verstehen ist, und ihnen mit tabellarischen Darstellungen verdeutlichen, dass Goethe bei der Abfassung des *Götz* vorschwebte, das klassische Einortdrama durch ein Bewegungsdrama bzw. das aristotelische Drama der geschlossenen Form durch ein offenes Drama zu ersetzen. Klare und verständliche tabellarische Gegenüberstellungen, die den SchülerInnen einen raschen Überblick ermöglichen, findet die Lehrkraft bei Ivo Braak: Poetik in Stichworten, S. 223 ff. und bei Rudolf Schmitt: Grundwissen Deutsch, S. 12 ff.

3.2 In arbeitsteiliger Gruppenarbeit werden die Materialien M 2.1 bis M 2.3 gelesen, wobei für den längeren und schwierigeren Text 2.3 eine leistungsstarke Gruppe zusammengestellt werden sollte. Die Unterrichtsziele zu den Materialien kann die Lehrkraft leicht in Arbeitsanregungen umwandeln.

3.3 Die Gruppen M 2.1, M 2.2 und M 2.3 tauschen ihre Ergebnisse aus. Dabei entsteht folgendes Tafelbild:

Tafelbild
Das Vorbild Shakespeare

Herder	Goethe: *Dichtung und Wahrheit*	Goethe: *Schäkespear-Tag*
Shakespeare und die Orte	gegen Einheit des Ortes und der Zeit	dem regelmäßigen Theater entsagen
– Idealisierung der Orte bedeutet notwendige Orientierung an der Sache – Szene und Handlungsorte sind nicht austauschbar – Einbildung und Leidenschaft verlangen bestimmte Orte – Shakespeare wechselt die Orte der Sache wegen; er stellt die Geschichte der Welt dar – Wechsel der Orte verdichtet das Böse und die Stimmung des Grauens	– Goethe wendet sich mit Shakespeare gegen die Einheit des Ortes und der Zeit – Goethe will Zeit und Raum für historische Behandlungsart, für Einbildungskraft, für lebendige Ereignisse – Goethe erkennt, dass der Verzicht auf die Einheit der Zeit und des Ortes umso mehr die „höhere Einheit" des Dramas fordert, nämlich: Götz überlebt sich selbst als Kämpfer für Freiheit in einer anarchistischen Zeit – der „historische und nationale Gehalt" zeigt das aussterbende Rittertum im Kampf gegen die Interessen weltlicher und geistlicher Fürsten und der freien Reichsstädte	– Betrachtung einer einzigen Fußspur von Shakespeare macht „unsere Seele feuriger" – Veränderungen der Sprache unter Shakespeares Einfluss: intensivierende Dopplungen, Metaphern, Superlative, sprachliche Entgrenzungen – nicht das Theatervorbild der Griechen muss bekämpft werden („reine Einfalt der Vollkommenheit"), sondern die „regelmäßigen", langweiligen französischen Trauerspiele – Goethe will wie Shakespeare Charaktere von „kolossalischer Größe"; er wendet sich gegen alles Geschnürte und Gezierte wie in den französischen Dramen

3.4 Die SchülerInnen werten die Liste der Schauplätze in Shakespeares *Macbeth* aus und vergleichen sie mit denen im *Götz*.

Tafelanschrieb
Macbeth
26 Schauplätze. Diese wechseln zwischen freier Natur und Kulturlandschaft, zwischen Prunksälen und einfachen Zimmern des Schlosses, zwischen Schloss, Schlosshof und Zimmer vor dem Schloss, zwischen dunklen und hellen Räumen, zwischen Veränderung (1. Akt) und Konstanz (2. Akt). Die Raumgestaltung zeigt wesentliche Momente des offenen Dramas: das Ganze in Ausschnitten, Vielfalt von Handlung, Raum und Zeit, die Welt in der Fülle ihrer Erscheinungen. (Vgl. Braak, S. 225)

Götz von Berlichingen
56 Schauplätze, mehr als doppelt so viele wie bei Shakespeare, ebenfalls Wechsel zwischen freier Natur und umbauten Räumen. Die Kontraste innerhalb der freien Natur und innerhalb der umbauten Räume sind jedoch noch größer als bei Shakespeare. Sie reichen einerseits vom Wald an einem Morast bis zum Bürger- oder Schlossgarten, andererseits vom einfachen Wirtshaus bis zum bischöflichen Palast in Bamberg. Die Gegenüberstellung von hellen und dunklen Räumen findet sich ebenfalls wie bei Shakespeare, z. B. „In einem finstren, engen Gewölbe" – „Gärtchen am Turn".
Die Tendenzen zum Drama der offenen Form sind bei Goethe stärker als bei Shakespeare: Auch im *Götz* begegnet das Ganze in Ausschnitten, eine Vielfalt von Handlungen, Raum und Zeit, die Welt in der Fülle ihrer Einzelerscheinungen. Jedoch verstärkt sich der Eindruck der Selbstständigkeit der Teile, des Verschwindens eines Allgemeinen hinter dem Einzelnen. (Vgl. Braak, S. 225)
Für die noch größere Offenheit seines Dramas gegenüber *Macbeth* hat Goethe den Preis geringer Straffung und schwierigerer Aufführbarkeit gezahlt.

3.5 Neue Möglichkeiten in der Nachahmung Shakespeares
Obwohl dies schon teilweise aus den Tafelanschriften 3.3 und 3.4 hervorgeht, ist die Frage noch nicht gänzlich beantwortet: Welche neuen Möglichkeiten siehst du in der Nachahmung des Engländers? (SH, S. 121, Arbeitsanregung 1)
Zu diesem Auftrag an die gesamte Lerngruppe sind folgende Antworten denkbar:
- Durch die Vielfalt der Orte kann Goethe sowohl das Lager von Götz als auch das seiner Feinde in aller Differenziertheit zeichnen.
- Die Unterschiede und Gemeinsamkeiten in der Lebens- und Denkweise des freien Reichsritters Götz, der auch Raubritter ist, der Frauen auf seiner Burg, der verbündeten Reichsritter und der Gefolgsleute einerseits, der geistlichen Fürsten, der Höflinge und Adelheids sowie der Ratsherrn freier Reichsstädte andererseits können mit ihrem Ambiente genauer erfasst werden.
- Die Zeitspanne von der Jugend Götzens und seines Gegenspielers Weislingen bis zu deren Tode mit der Konstanz und allmählichen Resignation des einen sowie dem Wankelmut des anderen kommt deutlich in den Blick.
- Durch die große Zeitspanne der Handlung kann auch „der historische und nationale Gehalt", der Kampf von Götz um Freiheit in einer anarchischen Zeit, anschaulicher als in einem Schauspiel nach den Regeln des Aristoteles dargestellt werden.
- Die Ständegesellschaft in der Umbruchzeit unter Kaiser Maximilian I. (1493–1519), die von Fürsten bis zu Zigeunern reicht, kann durch die vielfältigen Szenenwechsel auch sprachlich gespiegelt werden.
- Das offene Schauspiel Goethes zeigt die „Geschichte der (damaligen) Welt" (Shakespeare) und nicht nur einen Ausschnitt, der auf die Burg Jagsthausen und auf den Bamberger Palast konzentriert ist.

Sequenz V: Schülerreaktionen
Die Reaktion von Zeitgenossen
auf Goethes Schauspiel — 3 Stunden

1 Unterrichtszusammenhang

Bisher hatten die SchülerInnen wenig Gelegenheit ihre Befindlichkeit gegenüber dem *Götz* auszudrücken. Die Arbeit am Text des Schauspiels und die Auseinandersetzung mit Materialien standen im Vordergrund.
Es wird aber vorgeschlagen, nicht ganz ungefilterte Spontanäußerungen der SchülerInnen zum Vergleich mit den Reaktionen der Zeitgenossen heranzuziehen, sondern die SchülerInnen einen Fragebogen entwerfen zu lassen, den sie selbst beantworten und auswerten (vgl. Unterrichtsverlauf), damit sie sich von festgehaltenen eigenen Standpunkten ausgehend mit den Reaktionen der Zeitgenossen auseinander setzen können.

2 Unterrichtsziele

Die SchülerInnen
- entwerfen einen Fragebogen zu ihrer Einschätzung von Goethes Schauspiel, werten diesen aus und halten ihre Ergebnisse vervielfältigt für einen Vergleich mit zeitgenössischen Besprechungen bereit;
- bearbeiten die zeitgenössischen Reaktionen in Gruppenarbeit. (Sie halten ihre Befunde nach Kriterien fest, die aus diesen Reaktionen selbst entnommen werden.);
- vergleichen die zeitgenössischen Reaktionen mit ihren eigenen und stellen Übereinstimmungen, Widersprüche und Defizite auf beiden Seiten fest;
- setzen sich in einer Hausaufgabe einzeln mit den Arbeitsanregungen 3 und 4 (SH, S. 126) auseinander um ein Gespräch darüber vorzubereiten, ob und unter welchen Bedingungen sie eine Aufführung des *Götz* wagen wollen.

3 Unterrichtsverlauf

3.1 Die Lehrkraft hält erste spontane Gefallens- und Missfallensäußerungen über Goethes Schauspiel an der Tafel fest und verständigt sich mit den SchülerInnen darüber, dass diese mit einem Fragebogen systematisiert werden sollen.

3.2 Die Lehrkraft einigt sich mit den SchülerInnen auf den Entwurf eines gemeinsamen Fragebogens, den jeder Schüler/jede Schülerin einzeln beantworten soll, und kündigt an, dass die Ergebnisse später mit den Reaktionen von Zeitgenossen verglichen werden sollen.

3.3 Zunächst wird festgestellt, wozu sich die SchülerInnen bis jetzt summarisch äußern können, nämlich zu der Handlung/dem Inhalt des Schauspiels, zu der Gestaltung von Götz als Hauptperson des Dramas, zu den übrigen Personen, zu den Ortswechseln, zu der gestalteten und zu der historischen Zeit sowie zu der Sprache. Die Frage nach der Aufführbarkeit des Stücks wird zunächst zurückgestellt. Es wird vereinbart, dass die Fragen so formuliert werden dürfen, dass sie für persönliche Eindrücke Raum lassen. Am Beispiel des Schauspiel-Inhalts erarbeitet die gesamte Lerngruppe ein Muster für die Antwortmöglichkeiten, die sich beziehen können auf:

- die zeitliche Ferne des Stücks oder auf die erwünschte Nähe zur Gegenwart der SchülerInnen und ihrer Situation;
- die Komplexität der Handlung, die Goethe hätte vermeiden können oder die zur Darstellung der Schwierigkeiten des scheiternden Ritters Götz unverzichtbar ist;
- die Tatsache, dass Götz sich in den Bauernkrieg hineinziehen lässt, was die SchülerInnen aufgrund dessen Charakterisierung und aufgrund der vorausgegangenen Handlung nicht oder gerade überzeugt.

Bei der Beantwortung des Fragebogens können die unterschiedlichen Positionen einfach nur angekreuzt oder mit persönlichen Kommentaren versehen werden.

3.4 Mit dem Orientierungsmuster der gemeinsam entwickelten Fragen bzw. Antwortmöglichkeiten entwickeln die SchülerInnen weitere in Gruppenarbeit, und zwar:
Gruppe 1: zu den übrigen Personen;
Gruppe 2: zu den Ortswechseln;
Gruppe 3: zu der Beziehung von historischer und gestalteter Zeit;
Gruppe 4: zu der Sprache.

3.5 Hausaufgabe
Die Gruppenmitglieder beantworten ihre Fragen.

3.6 **Zweite Stunde der Sequenz**: Sie bereiten gemeinsame Antworten für die gesamte Lerngruppe vor und vervielfältigen diese.

3.7 Hausaufgabe für die **dritte Stunde der Sequenz**, aufgeteilt nach Gruppen:
Gruppe 1: J. M. R. Lenz *Über Götz von Berlichingen* (SH, S. 122 ff.)
Bereitet in Spalten vor, zu welchen Kriterien sich Lenz äußert und fangt an, seine Antworten darauf zusammenfassend einzutragen.
Wegen der hierfür erforderlichen Abstraktionsleistung kann die Lehrkraft die Spalten mit den Kriterien schon vorgeben.

Gruppe 1: Zu M 3.1: Lenz *Über Götz von Berlichingen*

<table>
<tr><th>Helden handeln</th><th>Blick auf Wirkung von Schauspielern</th><th>Gott und Natur als Modell</th><th>Nachahmung von Götz</th></tr>
<tr><td>Helden definieren sich durch Handeln</td><td>Vergleich mit Zirkeln, die ein Stein im Wasser beschreibt</td><td>Wirkung der französischen Stücke flüchtig
prometheischer Funken entscheidend</td><td>zahlreiche Beispiele, die Götz preisen: bescheiden, setzt alles für seine Familie und Freunde dran, immer geschäftig, tätig, wärmend und wohltuend, geht unter wie die Sonne</td></tr>
<tr><td colspan="4">Alle haben eine Rolle im Welttheater.
Vorübung für das Schauspiel des Lebens: Götz aufführen. Dabei prägt sich dessen Charakter durch Agieren und Nachahmen ein.
Auf die Bühnendekoration kommt es kaum an.</td></tr>
</table>

Gruppe 2: Zu M 3.2: Friedrich II. *Über die deutsche Literatur*

wenig Geschmack in Deutschland	Verzeihung für Shakespeare	*Götz* als abscheuliche Nachahmung
öffentliche Schauspiele zeugen von Geschmacklosigkeit	denn die Wissenschaft wurde in England erst geboren	das Publikum bewilligt diesem ekelhaften Gewäsche seinen lauten Beifall

Gruppe 2: Zu M 3.3: Germaine de Staël *Über Deutschland*

Götz in Deutschland beliebt	*Götz*: unvollendete Skizze	Wünschenswertes
treue und lebendige Darstellung der National-Sitten u. des Kostüms der alten Ritterzeit	Goethes Widerwillen gegen „Künstelei" Goethe verschmäht sogar das, was in der Kunst nötig ist	Reg. Maximilians Zauber des Idealen Personen zu platt oder zu unnatürlich

3.8 Gemeinsames Ausfüllen der Spalten zu den Materialien 3.1 bis 3.3 (s. o.)

3.9 Die SchülerInnen vergleichen ihre Reaktionen mit denen der Zeitgenossen auf Übereinstimmungen und Unterschiede.

zu M 3.1: Gleichgültig, ob die SchülerInnen den *Götz* mögen oder nicht, ist zu erwarten, dass die „Werbung" von Lenz für den *Götz* überwiegend Zustimmung findet, nämlich, dass Helden sich durch Handeln definieren, dass der Wert von Schauspielen nach deren Wirkung bemessen werden sollte und dass Gott und seine Natur als Modell für Theaterstücke dienen sollten. Unterschiedlich werden sich die SchülerInnen zu der Nachahmung des Götz äußern. In seiner „Einfalt“ und Treuherzigkeit wird er einigen nicht als clever genug erscheinen. Mit Beifall werden sie die wie einen Vorgriff auf moderne Deutschdidaktik wirkende Anregung aufnehmen, dass man sich Stücke erspielen sollte, bevor man über sie urteilt.

zu M 3.2: Selbst Mittelstufenschüler werden merken, dass man den Geschmack nicht einfach zum Kriterium erheben darf. So ist zu erwarten, dass sie Friedrichs Zeilen ebenso herb beurteilen, wie dieser den *Götz* kritisiert hat.

zu M 3.3: Die SchülerInnen werden feststellen, dass die Französin sich um ein differenziertes Urteil bemüht hat. Aber sie werden ihr nicht in allen Punkten folgen. So wird einigen die getreue Wiedergabe der deutschen National-Sitten gleichgültig sein. Sie werden anders als de Staël Goethes Widerwillen gegen „Künstelei“ begrüßen, sich im Gegensatz dazu fragen, was denn eigentlich „der Zauber des Idealen“ sei, und nicht nachvollziehen, dass Goethe einigen Figuren zu platt dargestellt habe.

Gesamtwirkung des Vergleichs der Reaktionen: Möglicherweise bleibt bei den SchülerInnen der Eindruck haften, dass Kritiker unter Goethes Zeitgenossen „auch nur mit Wasser gekocht haben“, dass sie selbst sich differenzierter auf das Schauspiel eingelassen haben als diese. Wenn sich diese Wirkung einstellen sollte, ist es für die SchülerInnen eine wichtige Erfahrung, Ernsthaftigkeit der Prüfung vor vorschnelles Urteilen zu setzen.
Vielleicht hat Lenz mit seiner Ermunterung zum Spielen des *Götz* den SchülerInnen Mut gemacht, gerade auch deshalb, weil er sich gegen jede Perfektion bei der Aufführung wendet. Deshalb sollte die Lehrkraft die Aufgaben 3 und 4 des Schülerheftes, S. 126 stichwortartig als Hausaufgabe beantworten lassen. Die dritte Arbeitsanregung können die SchülerInnen auch so umformulieren: Welche Schwierigkeiten seht ihr bei der Aufführbarkeit des Stückes?

1 Unterrichtszusammenhang

Aufgrund unserer Erfahrung halten wir es für wahrscheinlich, dass die SchülerInnen der Anregung von Lenz (M 3.1) zum szenischen Lesen des *Götz* bereitwillig folgen. Vielleicht wollen sie sich sogar noch weiter gehend an einer Aufführung ausgewählter Szenen versuchen. Es empfiehlt sich aber, zunächst den weniger schwierigen Weg des szenischen Lesens zu beschreiten um zu erproben, ob die Motivation zur Lösung der vielfältigen Probleme einer Aufführung reicht.
Die Auswahl der Szenen, von den SchülerInnen selbst getroffen, sollte so erfolgen, dass die Fülle der Sprache des *Götz* von ihrer volkstümlichen bis zur raffinierten, verschleiernden Rhetorik, z. B.s Adelheids, erlebt werden kann. Das szenische Lesen wechselt zwischen Einfühlung in die Szene und Bewusstmachung ihres Gehalts. Wir schlagen vor, dass die SchülerInnen sich über die Gesprächssituation und ihren Zweck vergewissern, bevor sie ihre ersten Leseversuche machen, damit sie Kriterien gewinnen, mit denen sie die Angemessenheit des Lesens beurteilen können. Eine Hilfe für die Einfühlung in die Sprechsituation können sowohl historisch adäquate Kostümierung als auch die provisorische Errichtung eines Bühnenbildes sein. Unseres Erachtens reicht beim szenischen Lesen die Kostümierung aus. Wir würden selbst darauf verzichten, wenn es nicht im Umfeld jeder Schule heute Kostümverleihe gäbe, wo man sich für geringes Entgelt die Illusion historischer Authentizität verschaffen kann.
Wir schlagen als erste Szene für das Lesen die **Burg Jagsthausen** (SH, S. 25 unten bis S. 29 unten) vor, wo sich Weislingen als Gefangener von Götz befindet und dieser seinen alten Jugend- und Kampfgefährten zurückgewinnen will.

Gehalt des Dialogs Götz – Weislingen:
Weislingen nimmt den Dialog verunsichert auf; denn er trifft Götz mit dessen alter Treuherzigkeit wieder. Er fragt sich, was der Bischof und dessen Freunde ihm als erstrebenswertes Ziel geben können.
Götz behandelt den Gefangenen als Gast und erinnert an die alten Tage, an den vergnügten Sturm und Drang der Jugend, als Weislingen und er noch Castor und Pollux gewesen seien.
Humorvoll erinnert er Weislingen daran, dass dieser sich schon früh von dem „unglücklichen Hofleben“ (SH, S. 27, Z. 2) habe halten lassen, während er selbst nach Brabant zu Felde gezogen sei. Götzens Vorwurf: „Verkriechst dich zum ersten Hofschranzen eines eigensinnigen neidischen Pfaffen!“ (SH, S. 28, Z. 2 f.) lockt Weislingen aus der Reserve: Die Fürsten seien vor den ungerechten Rittern nicht sicher. Jene strebten für Deutschland Recht und Gerechtigkeit an, um Große und Kleine den Frieden genießen zu lassen. Götz hält dem entgegen, dass die Fürsten nur auf ihren Vor-

teil bedacht seien. Sie prahlten mit „Ruh und Sicherheit des Reichs, bis sie die Kleinen unterm Fuß haben". (SH, S. 28, Z. 27 f.) Götz beansprucht also „Licht und Recht" für sich.

Der Bischof von Bamberg habe dem Kaiser von Gerechtigkeit die Ohren voll gelärmt (SH, S. 29) und habe ihm doch einen Buben niedergeworfen, „zur Zeit, da unsere Händel vertragen sind". (SH, S. 29, Z. 6) Weislingen meint, der Bischof habe davon nichts gewusst und der Bube habe sich nicht so betragen, wie er sollte. Götz sei argwöhnisch und tue ihm und den Fürsten Unrecht. Darauf redet Götz „Tacheles": Er, Sickingen und Selbitz seien den Fürsten ein Dorn im Auge. Sie wollten ihn nur aus dem Wege haben, deshalb hätten sie den Buben gefangen. „Und du, Weislingen, bist ihr Werkzeug!" (SH, S. 29, Z. 24)

Mit dieser Entlarvung Weislingens bricht Götz den Dialog ab, den er als ein Mann knapper Worte nicht fortgesetzt haben will. Götz verkündet Weislingen aber frohe Botschaft, seine Weibsleute würden ihn munter machen.

An dieser Stelle kann nur angedeutet werden, warum das Streitgespräch so ausführlich auf seinen Gehalt befragt worden ist. Bei der Stimmführung, Gestik und Akzentuierung beim Lesen müssen beachtet werden: die Verunsicherung Weislingens am Anfang, die Treuherzigkeit Götzens bei der Erinnerung an die alte Freundschaft, das Weislingen provozierende Stichwort „Hofschranzen", Recht und Gerechtigkeit, Unrecht, Ruhe und Sicherheit als Schlüsselwörter für den Kern des Streitgesprächs, das auf beiden Seiten stimmlich prononcierter gelesen werden muss, und schließlich der entlarvende Vorwurf von Götz, Weislingen sei ein Werkzeug des Fürsten. Am Ende spricht Götz wieder mit seiner alten Jovialität.

Die folgenden für das szenische Lesen vorgeschlagenen Textpassagen werden inhaltlich nicht rekapituliert.

Bamberg: Adelheid. Weislingen. (SH, S. 52–54)

Rathaus: Kaiserliche Räte. Hauptmann. Ratsherren von Heilbronn. (SH, S. 79–83)

Gärtchen am Turn: Maria. Lerse. (Götz' Todesstunde, SH, S. 103 f.)

Die SchülerInnen sollen jedoch auch diese Szenen genau interpretieren und Folgerungen für das Lesen auf fotokopierten Seiten der ausgewählten Texte festhalten.

2 Unterrichtsziele

Die SchülerInnen

- wählen Szenen aus dem *Götz* aus; sie begründen, weshalb diese repräsentativ sind und sich für szenisches Lesen eignen;
- lesen die ausgewählten Szenen zunächst probeweise um ein Gefühl dafür zu bekommen, worauf es bei deren Vortrag ankommt;
- versehen die ausgewählten Szenen mit Anmerkungen zur Steuerung des Lesens, z. B. zur Befindlichkeit des Sprechers, zum Sprechtempo, zur Intonation einzelner Wörter;

- denken über ihren Standort auf einer fingierten Bühne nach und über den Adressatenbezug ihrer Rede zu den Mitspielern und zum Publikum;
- machen sich Anmerkungen über das Zusammenspiel von Körpersprache und Worten;
- kostümieren und schminken sich für ihre Rolle um die Einfühlung in diese zu erleichtern;
- schieben zwischen die Lesungen Reflexionsphasen ein um festzustellen, ob sie ihren Lesekriterien genügen konnten oder ob diese evtl. geändert werden müssen;
- stellen fest, dass das szenische Lesen selber ein Interpretationsvorgang ist, der begrenzt Auffassungsunterschiede über Stimmführung und Körpersprache zulässt;
- einigen sich abschließend, ob sie das Lesen ausgewählter Szenen vor Publikum vortragen wollen.

3 Unterrichtsverlauf

3.1 Die gesamte Lerngruppe einigt sich auf das szenische Lesen, evtl. geschminkt und in Kostümen.

3.2 Sie schlägt Szenen vor, die sich ihres Erachtens für szenisches Lesen eignen. Die Szenen sollten für Gehalt und Sprache des Dramas repräsentativ sein und erlauben eine größere Zahl von SchülerInnen zu beteiligen.

3.3 Die gesamte Lerngruppe trifft eine Auswahl zwischen den von den SchülerInnen selbst und von der Lehrkraft vorgeschlagenen Szenen.

3.4 Für jede Szene wird eine zweifache Besetzung vorgesehen, damit Unterschiede bei der Interpretation durch das Lesen im Vergleich hörbar/sichtbar werden.

3.5 Jede Szene wird zuerst versuchsweise vorgelesen um ein Gefühl für ihre „Klippen“ und erste Erkenntnisse ihrer Bedeutung zu gewinnen.

3.6 Die LeserInnen einer Szene machen sich jetzt Notizen dazu, wie sie die Szene interpretieren und wie sie gelesen werden soll. Dazu werden die entsprechenden Seiten fotokopiert, damit
- Unterstreichungen von Schlüsselwörtern;
- Kommentare zum Lesetempo und zur Lautstärke;
- Anmerkungen
  - zur Körpersprache und zur Intonation (ironisch, herablassend, selbstbewusst, beschwörend, feurig, resigniert, verzweifelt etc.);

- zur Adressatenorientierung auf der Bühne und zum Publikumsbezug (Abstand zum Adressaten, Bewegung auf diesen zu oder von diesem weg, den Adressaten umschmeicheln, ihm Worte ins Gesicht schleudern, beiseite sprechen, Selbstgespräch etc.) möglich sind.

3.7 Jede Szene wird von zwei Gruppen gelesen. Anschließend findet ein Gespräch über die angemessene Interpretation der Szene durch die LeserInnen statt.

3.8 Danach wird der Leseversuch mit nochmaligem Bewertungsgespräch wiederholt.

3.9 Die gesamte Lerngruppe hält an der Tafel fest, welche besonderen Erkenntnisse das szenische Lesen ermöglicht.

3.10 Einzelne freiwillige SchülerInnen, die beim Lesen weniger beteiligt werden, erhalten die Aufgabe für eine der ausgewählten Szenen großflächig einen Bühnenhintergrund zu malen. Sie erläutern, welche Stimmung sie der Szene dadurch geben wollen. Das Gelingen dieser Tätigkeit entscheidet mit darüber, ob man sich an einer Aufführung von ausgewählten Szenen des Dramas versuchen kann und will.

3.11 Erst nach dem szenischen Lesen kann die Lerngruppe beurteilen, welche Anforderungen auf sie zukommen, wenn sie ausgewählte Szenen des Dramas vor Publikum spielen und eine verantwortungsbewusste Entscheidung darüber treffen will.

4 **Tafelbild:** Erkenntnisse nach szenischem Lesen

- Die Annäherung an den Text erfolgt nicht nur über den Kopf, sondern auch durch Einfühlung in die Situation. Deshalb kann auch der erste Zugang über probeweises Lesen geschehen, bevor der Text kommentiert wird.
- Vorherige oder spätere interpretierende Kommentierung des Textes ist wichtig.
- Beim szenischen Lesen wird der Text lebendig, Körpersprache kommt hinzu.
- Es wird deutlich, dass es nicht nur eine Möglichkeit der Interpretation gibt.
- Beim szenischen Lesen erfolgt unausweichlich eine stärkere Identifizierung mit den Figuren, so wie es Lenz im Text M 3.1 vorausgesagt hat. Die Sprache tritt mindestens gleichgewichtig neben den Gehalt: genauere Erkenntnis über Schlüsselwörter, Wiederholungen, Antithesen, Metaphern, Pathos, Zurückhaltung, unverstellte oder verschleiernde Sprache. Die Adressatenzuwendung auf der Bühne und der Publikumsbezug werden deutlicher.

Goethes Götz stürmt und drängt bei den Burgfestspielen

Saison in Jagsthausen eröffnet / Viel Beifall für Jürgen Watzke

Von Thomas Veitinger
und Carola Große-Wilde (dpa)

Das wäre ein Götz ganz nach dem Wunsch Goethes gewesen: zupackend, stürmisch, kämpferisch. Er kann zuschlagen, dass es nur so staubt, und weinen, wenn sich die Tochter verlobt. Der Berliner Schauspieler und Regisseur Jürgen Watzke (*Polizeiruf 110, Praxis Bülowbogen*) spielte bei der Premiere des *Götz von Berlichingen* in Jagsthausen so, wie es die Zeit des Sturm und Drang vorsah: aus dem Herzen und nicht aus dem Kopf. Das Publikum honorierte die durchweg guten Leistungen Watzkes mit viel Beifall, feierte aber auch Karin Winkler als Adelheid stürmisch.

Etwas blässlich wirkten dagegen Renate Schauss als Elisabeth und Chris Nonnast als Maria. Beide Schauspielerinnen stellten ihre Personen dar, mehr nicht. Eigene Akzente fehlten im Vortrag ebenso wie eine überzeugende Interpretation. Und auch Jürgen Kloth kann als Adelbert von Weislingen nur in der Endszene überzeugen, als er einen Gifttod stirbt und die ganze bittere Wahrheit des benutzten Ehemanns erkennen muss. Kloth wirkte etwas blutleer und seine Liebe zu Maria und Adelheid muss angenommen werden, ist aber nicht zu spüren. Anders dagegen Karin Winkler als intrigante Adelheid, die sich als „Engel in Weibesgestalt" in einen wahren Intrigenrausch hineinspielte und so giftig und schön wirkte wie der blühende Fingerhut.

Das erste Mal auf der Götzenburg mit dabei war Regisseur Alois-Michael Heigl. Er erreichte die weitgehend flotte Inszenierung des Jugendwerks Goethes vor allem durch ein verändertes Bühnenbild: Drei kleine Bühnen stehen im Burghof und ermöglichen so auf engstem Raum verschiedene Spielstätten ohne Umbaupausen.

Heigl legte Wert auf detailreich gezeichnete Nebenrollen und machte dafür Abstriche bei Kampfszenen. Der Berliner sieht im *Götz* die Probleme unserer Zeit wiedergespiegelt: „Auch heute leben wir in einem Klima der Veränderungen, die bestehenden Ordnungen lösen sich auf", sagte er vor der Premiere. Fasziniert habe ihn an diesem Stück, wie die einzelnen Charaktere auf extreme Spannungen reagieren.

Dem Stück ist die Aktualität anzusehen und es wirkt mit seinen anarchistischen[1] Visionen beinahe beängstigend: Die marodierenden Räuberbanden erinnern in ihrer blutverschmierten, zerfetzten Kleidung an Fernsehbilder aus dem Jugoslawien-Krieg. Götz stirbt am Ende, enttäuscht von Menschen und ergebnislos im Kampf um Treu und Glauben. Und Götz' treuer Weggefährte stellt resigniert fest: „Die Welt ist ein Gefängnis."

Bis zum Ende der 48. Spielzeit am 17. August, sind noch 23 Vorstellungen des *Götz von Berlichingen* vorgesehen.

Aus: Alb-Bote vom 16. 6. 1997

1 *anarchistisch:* ohne Gesetz, politische Ordnung

Und das Leben ist doch ein Gefängnis

Premiere von Alois-Michael Heigls Neuinszenierung des *Götz* bei den Burgfestspielen Jagsthausen

Von Andreas Sommer

Goethes Wort, seine Werke seien nur „Bruchstücke einer großen Konfession", also Bekenntnisse über einzelne Abschnitte seines Lebens und Erlebens, gilt für sein Bühnenschaffen allgemein, für *Götz von Berlichingen* aber im Besonderen. Der Mann, der den Sturm und Drang, die Klassik und die Romantik mit lebendiger Anteilnahme verfolgte und dem der Wandel so viel bedeutete, war als dramatischer Dichter selbst „ein Mensch in seinem Widerspruch".

Goethes *Götz* ist sprühend formlos. Der im Jahre 1774 uraufgeführte Text vernachlässigt die Regeln des klassizistischen Dramenschemas für die damalige Zeit in geradezu revolutionärer Unbekümmertheit. Da wird frisch von der Leber weg in Prosa geredet statt in Versen, da werden Schauplätze und Szenen verwirrend oft gewechselt in einer an harte Filmschnitte erinnernden Dramaturgie. Der *Götz* wirbelte die erstarrte Theaterszene gehörig durch, weil er Leben bot: wirres, buntes, wechselvolles Leben.

Wie ein frischer Wind kommt nun im 48. Jahr die Neuinszenierung des Traditionsstücks der Burgfestspiele Jagsthausen von Alois-Michael Heigl daher. Das Publikum bejubelte bei der Premiere am Donnerstagabend die werktreue, lebendige und schlüssige Inszenierung, die das Stück behutsam modernisiert ohne auf plumpe Zeitgeist-Mätzchen oder parodistischen[1] Klamauk zurückzugreifen.

Jürgen Watzke ist ein urwüchsiger, bodenständiger, kämpferischer, verschmitzter und auch sehr gefühlsbetonter Götz – ein Kraftkerl und Volksheld eben, wie geschaffen zum Publikumsliebling. Karin Winkler überzeugt in der Rolle der eiskalten Intrigantin Adelheid ebenso wie Jürgen Kloth als willenloser Weislingen. Auch die anderen Profis und Laien gefallen mit schauspielerisch ansprechenden Leistungen.

Was auf den ersten Blick wie ein Paradoxon[2] anmutet, entpuppt sich im Lauf des Abends als genialer Kunstgriff: die künstlichen Bühnen auf der Naturbühne. Ausstatter Andreas Herrmann hat drei Guckkastenbühnen in den Burghof gestellt, die als Ensemble in geschlossenem Zustand einen alten Stich aus der Bauernkriegszeit darstellen. Aus diesen drei Bühnen heraus entwickeln sich die Szenen, teils abwechselnd, teils simultan. Heigl und Herrmann nutzen dabei geschickt die Tiefe des Raums zwischen Hoftor und rindenmulchbedeckter Rampe der „Naturbühne".

Gerade durch den verfremdenden Bühne-auf-der-Bühne-Effekt erleben wir authentische[3], schöne, packende und beklemmende Bilder, die von einer geschmackvoll-dezenten Ausstattung und einer einfallsreichen Ton- und Licht-Dramaturgie leben.

1 *Parodie:* komische Umbildung einer literarischen Vorlage
2 *Paradoxon:* hier: etwas Widersprüchliches
3 *authentisch:* verbürgt, echt

All denen, die in den vergangenen Jahren enttäuscht waren von den halbherzigen Aktualisierungsversuchen am *Götz*, führt Heigls Inszenierung exemplarisch vor, wie man Bezüge zu unserer Gegenwart schafft ohne die historische Dimension und die sprachliche Substanz des Sturm-und-Drang-Textes zu verraten.

Dabei legt Heigl den Schwerpunkt auf die Bauernkriegsszenen, die uns in ihrem fast schon beängstigenden Realismus an Bilder aus den Bürgerkriegen am Balkan oder in Afrika erinnern. Wie Goya in seinem gleichnamigen Radierzyklus zeigt uns Heigl die „Schrecken des Krieges“ und sein brutales, blutverschmiertes Antlitz.

In der Gestalt des fahrig-fiebrigen Link (Robert Klatt) und des kahlschädeligen Metzler (Wolfgang Wolter), die mit ihren marodierenden Räuberbanden das Land terrorisieren, macht die Inszenierung in beklemmender Klarheit und ganz ohne pyromanische[1] Gags die Auflösung aller Ordnung, den Ausbruch der Anarchie[2] fühlbar.

Und wenn Link der um ihren Mann flehenden Frau von Helfenstein (Katrin Gerke) das schreiende Kind entreißt um es ins Feuer zu werfen und sie zu vergewaltigen, ist der Gipfel der Brutalität erreicht, die sich Menschen gegenseitig antun können. Das geht an die Nieren, das vergisst man nicht so schnell – eine Szene, die aber in keiner Phase deplaziert wirkt.

Pfiffige Regieeinfälle (Femegericht, Chor der Mönche, Adelheids und Weislingens Tod) runden die zweieinhalbstündige Aufführung ab, die dank ihrer Vitalität und ihrer frischer Ideen einen neuen Zugang zu diesem Klassiker schafft, den der junge Goethe einst selbst für unaufführbar hielt.

Für Puristen[3] vielleicht nicht leicht konsumierbar ist Götz' Tod. In Heigls Inszenierung heißt es am Ende nicht „Es lebe die Freiheit“. Hagen Marks als Götz' draufgängerischer Gefährte Lerse hat das letzte Wort: „Das Leben ist ein Gefängnis.“ Sehr konsequent hat das Alois-Michael Heigls Inszenierung zuvor herausgearbeitet.

Aus: Heilbronner Stimme
vom 12. 6. 1997

1 *Pyromanie:* krankhafter Trieb zur Brandstiftung
2 *Anarchie:* Gesetzlosigkeit
3 *Puristen:* von Purismus = (übertriebenes) Streben nach (Stil-/Sprach-)Reinheit

Nachtübung der Wehrsportgruppe S.

Einar Schleef lässt im Frankfurter Depot gegen Goethes *Ur-Götz* marschieren

von Gerhard Stadelmaier

Das Frankfurter Schauspiel ist einzigartig. Nicht dass es dort einen überragenden Intendanten oder wundervolle Mimen oder brillante Dramaturgen gäbe. Aber nirgendwo sonst laufen Schauspieler körperlich zu so großer Form auf. Viertelstundenlang robben sie wie jetzt im Bockenheimer Depot, der schönen alten Industriekathedrale als Ausweichspielstätte, im Doppeldutzend einen gut hundert Meter langen Laufsteg erst hinauf, dann wieder hinunter, dann wieder hinauf, dann wieder hinunter: durchgedrücktes Kreuz, einwandfreie Kopfhaltung am Boden unterm Stahlhelm.

Mit „Wau, wau, wau, ho, ho, ho!" auf den Lippen marschieren sie im Stechschritt. Wie nichts rasen sie an zwei Seilen eine glatte Metallwand hinauf und stürzen dieselbe kopfüber wieder hinab, jede Menge Text zwischen die Zähne geklemmt. Ekstatisch durchrasen sie brunstzackig die Polonaise von Jagsthausen, paarweise und endlos unter den erhobenen Armen der jeweiligen Nebenleute durchtrampelnd, hin und her und raus und rein, wobei sie „für" ein kopulierendes Liebespaar (Frau Adelheid und Franz von Sickingen) das keusche gemeinschaftssportliche Symbol abgeben.

Nirgendso sonst auch gebärden sich Schauspieler so hackenschlagend exakt im Sichunterwerfen unter eine absolute Disziplin. Kein Ensemble ist da zu sehen, sondern eine Wehrsportgruppe, kein Theaterabend, sondern eine Nachtübung (von 19 bis 24 Uhr). Rechnet man die hohen, spitzen Beifallslaute der jungen Leute (inklusive Füßegetrampel) im Premierenparkett dazu, dann ahnt man, wonach die neue deutsche Jugend im Theater verlangt: nach Einar Schleef, dem Zuchtmeister und Fähnleinführer, dem Spieß und Freikorpskommandanten der deutschen Bühne.

Einar Schleef kommt aus der DDR. Er hat die Lektion des Jahrhunderts mit links gelernt und nie wieder vergessen: dass das Individuum, egal wo und wann, zerrissen sei, vernichtet im Mahlstrom der Geschichte und Geschichten. Heiner Müller[1] ist der blutig-schlaue Clown dieser Lehre, Einar Schleef ihr soldatischer Hohepriester: Er inszeniert Texte nicht, er zelebriert[2] sie, indem er sie vernichtend heiligt. Er findet für sie keine neuen Bilder, keine neuen Töne, sondern stößt sie hinter ihr zivilisatorisches Niveau zurück ins Alte, Anarchische[3]. Sie sind nichts mehr für Köpfe, die mit ihnen spielen könnten, nur noch Opfergaben, deren Blutdämpfe ihnen zu Kopfe (und in die Füße) steigen müssen.

Goethes *Geschichte Gottfriedens von Berlichingen mit der eisernen Hand dramatisiert* von 1771, der sogenannte *Ur-Götz*, ist ein Geniegeklirr des damals Zweiundzwanzigjährigen; Goethe dichtet nicht, er rasselt, schnaubt, klotzt – aber auf Bütten. Götz, der freie Ritter, gejagt von allen, geliebt nur von wenigen, hat seinen Freund, Adelbert von Weislingen, einen unfreien Höfling, gefangen. Goethe macht daraus eine große sentimentale Szene, aber auch eine hinreißende Lebens- und Liebesbilanz. Zwei Menschen staunen darüber, was sie geworden sind, was sie hätten sein können. Sie fassen in Worte, was sie nicht fassen können. Zwei Krieger als Literaten.

1 *Heiner Müller (1929–1995):* gilt für viele Kritiker als bedeutendster deutscher Dramatiker der Gegenwart

2 *zelebrieren:* feiern

3 *Anarchische:* Ordnungslose, Gesetzlose

Götz von Berlichingen und sein Freundesgruß aus dem Eimer: Martin Wuttke (Götz, links) und Dirk Nawrocki (Adelbert von Weislingen) in Goethes *Geschichte Gottfriedens von Berlichingen mit der Eisernen Hand dramatisiert*, dem *Ur-Götz*, inszeniert von Einar Schleef im Frankfurter Depot, der Ausweichspielstätte des Städtischen Schauspiels
Foto: Abisag Tüllmann

Schleef lässt den kiebig-nervösen Anti-Schauspieler Martin Wuttke als Irokesen-Punk-Götz in halblanger Tunika (drunter ein schwarzes Binden-Unterhöschen) den halb nacktärschigen, im Plastiksack steckenden Adelbert schreiend herbeischleppen, ihm den Hintern küssen und waschen. Zwei schreiende Freaks haben „Zustände" und tun so erregt, als schleppten sie einen Gral[1] mit sich. Dabei haben sie nur einen Putzeimer. Zwei Kitsch-Burschen.

Unterm Laufsteg wispern rasend Götz' Bube Georg, den David Bennent wie eine Ratte aus Bodenlöchern hervorkeuchen lässt, und Götz' Frau und Götz' Schwester, die irgendwohin gekauert von Liebe, Männern, Kindern und Tod handeln. Signe Ibbeken und Bettina Grack zelebrieren das als eine Mischung aus Furien, Gouvernanten und Blitzmädels, denen Worte wenig, Gekreisch alles ist.

Später, wenn Weislingen für den Ritterberuf verloren ist, sich als Renegat[2] halb nackt und bibbernd eingereiht hat in eine Lichterprozession von Dutzenden von Höflingen, die eine riesige Kaiserschleppe tragen, wechselt Götz vom Eimer zum Stahlhelm. Goethe lässt ein großes fragwürdiges Individuum an der Welt, der neuen Ordnung, den neuen Regeln verzweifeln, aber bis zuletzt darauf beharren, dass es, ginge es, nach seinem Kopf gehen müsste. Götz, ein Autonomierausch[3]. Schleef hat den Götz von vornherein seinen Gegnern gleichgemacht, er ist Teil eines Blocks von Stahlhelmträgern, die denen aus dem anderen Block aufs Haar ähneln und gegen- und durcheinander marschieren und stechschreiten und schreien, als hätten sie sämtliche Unterschiede unter ihren Stiefeln platt gewalzt. Ein Volk, eine Regie, ein Manöver: Götz, ein Kollektiv[4].

Goethe lässt Götz untergehen, Schleef ihn aufgehen. Der Dichter hat für den Helden den Tod (und zum Troste ein berühmtes Zitat) vorgesehen, der Regisseur verbannt den todgeweihten Götz an die Schreibmaschine, von der aus er eifrig tippend matt abliest am Ende, was ihm geschieht (und zum Zitat darf er die Hosen runterlassen). Goethe lässt Götz mit den aufständischen Bauern paktieren und Zigeuner treffen. Schleef umgibt ihn mit grausam crescendierenden[5] Chören in roten Büstenhaltern und roten Röckchen (Zigeuner) sowie mit einer Bande schwuler Sumo-Ringer (Bauern). Goethe hat Adelheid erfunden, die drei Männer (Weislingen, Sickingen, Franz) in Liebe und Wahnsinn stürzt. Schleef hat aus ihr eine barbusige, gesichtslose Puppe gemacht (Margarita Broich), die hell kieksend sich um alle drei gymnastisch herumschlängelt. Und am Ende deckt die ganze Bande die riesige schwarzrotgoldene Flagge zu. Deutschland, Deutschland über allen. Und sie deckt's: gnädig.

Es ist Mitternacht, die Übung beendet. Manöverziel war: die vollständige, nach den Regeln der Lehre vollzogene Zerstörung von Rot, Schwarz und Überhaupt, Herrschern und Beherrschten, Rebellen und Unterdrückten durchs Vaterland Deutschland. Manövereffekt nach Durchlauf der Schleef'schen Walze ist: das unter der Walze hervorgekrochene Platte und Flache, ins gigantisch Vaterländische zerflatscht. Ein reaktionärer[6] Pfannekuchen für die Truppe. Sie hat ihn sich verdient.

Aus: Stuttgarter Zeitung vom 21. 4. 198

1 *Gral:* Stein oder Schale mit Wunderkraft
2 *Renegat:* Abtrünniger eines Glaubens
3 *Autonomie:* Selbstbestimmung
4 *Kollektiv:* vereinheitlichte Gruppe
5 *crescendierend:* von crescendo (ital.) = anschwellend
6 *reaktionär:* rückschrittlich

Sequenz VII: Besprechungen von Inszenierungen des *Götz* — 4 Stunden

1 Unterrichtszusammenhang

Der nahe liegende Weg zum kritischen Umgang mit Inszenierungen wäre, die SchülerInnen würden eine Aufführung des *Götz* besuchen und ihre individuellen Eindrücke dazu in einer Diskussion abklären. Dies wäre alljährlich möglich durch einen Besuch der unter freiem Himmel stattfindenden Götz-Festspiele in Jagsthausen. Daneben gäbe es noch die Möglichkeit Aufführungen in geschlossenen Theaterräumen wahrzunehmen. Doch beides ist in der Praxis mit Schwierigkeiten verbunden. Eine Theaterfahrt nach Jagsthausen ist nur für SchülerInnen aus der näheren Umgebung machbar, es sei denn, sie ist Bestandteil einer mehrtägigen Klassenfahrt nach Franken. Die Alternative, Inszenierungen des *Götz* in geschlossenen Räumen, findet aus zwei Gründen selten statt: einmal wegen der schwierigen Aufführbarkeit des Stücks mit seinen 56 Schauplätzen und zum anderen wegen der in der Interpretation erörterten Probleme mit der Aktualisierung des *Götz*. (Vgl. LH, S. 15 f.) So wurden z. B. zwischen den Jahren 1960 und 1981 von den führenden deutschen Theaterzeitschriften „Theater heute“, „Theater der Zeit“ und „Die Deutsche Bühne“ nur vier Aufführungen rezensiert. (Vgl. Bohse/Pasche, S. 72) Da sich an diesem Zustand weniger Aufführungen (und entsprechend weniger Besprechungen von Aufführungen) bis heute nichts geändert hat, sollen sich die SchülerInnen in dieser letzten Sequenz wenigstens kritisch mit Besprechungen von Inszenierungen des *Götz* auseinander setzen. Falls dabei auch die Rezension der Inszenierung von Einar Schleef einbezogen wird, empfehlen wir wegen des hohen Anspruchs dieser Besprechung den zweiten Teil dieser Sequenz der Sekundarstufe II vorzubehalten.
Anhand von Besprechungen einer Aufführung der Freilichtbühne Jagsthausen können sich auch SchülerInnen der Mittelstufe schwerpunktmäßig fragen, inwieweit diese werkgetreue Inszenierung des *Götz* bestrebt ist mehr als nur Illusionstheater zu bieten, das angenehm unterhält. Inwieweit ist dem Dramaturgen Heigl bei seiner Neuinszenierung an einer Aktualisierung des Traditionsstücks gelegen?
SchülerInnen der Oberstufe mögen selbst beurteilen, ob – folgt man der Rezension Stadelmaiers von Einar Schleefs moderner Inszenierung (LH, S. 51 ff.), die mit einer werktreuen Aufführung des *Götz* radikal bricht – diese Aufführung dem Zuschauer eine Chance einräumt sich aus der Konsumentenhaltung zu lösen, indem er die Umkehrung der alten Botschaft des freiheitsbesessenen Individuums Götz erkennt, das an den Machtstrukturen seiner Zeit scheitert, hin zu der Einebung aller politischen und gesellschaftlichen Unterschiede durch das Vaterland Deutschland, hin zu einer Kritik an nationaler Kollektivierung.
Aber die Auseinandersetzung mit Besprechungen des *Götz* soll mehr leisten, als nur die Frage zu beantworten, ob dieses Drama sich für unsere Zeit aktualisieren lässt. Die SchülerInnen sollen im Einzelnen lernen, worauf man achten muss um die In-

tention einer Inszenierung zu erfassen und zu bewerten. Wegen der Andersartigkeit der Inszenierungen in Jagsthausen (1997 durch Alois-Michael Heigl) und in Frankfurt/Main (1989 durch Einar Schleef) scheint es zweckmäßig, teils identische, teils differenzierende Unterrichtsziele und Unterrichtsverläufe zu beschreiben. Deshalb erscheinen diese zweimal parallel unter 2 und 3. (LH, S. 49 f.)

Die Aufführung in Jagsthausen

Besprechungen von Thomas Veitinger und Carola Große-Wilde (dpa), abgedruckt im Alb-Boten vom 16. 06. 97 (LH, S. 48) und von Andreas Sommer in der „Heilbronner Stimme" vom 12. 06. 97 (LH, S. 49 f.)

2 Unterrichtsziele

Die SchülerInnen
- erkennen an den Fotografien des Schülerhefts, die der besprochenen Aufführung von 1997 entstammen, dass die Inszenierung um historische Authentizität der Kostüme, der Schauplätze sowie der Darstellung der Charaktere bemüht war;
- stellen fest, dass die Rezensenten auf unterschiedliche Weise (Sommer über Goethe als Mann des Wandels und Widerspruchs, Veitinger und Große-Wilde über Goethes Intention ein Sturm-und-Drang-Stück zu schreiben) den Zugang zu der besprochenen Aufführung suchen;
- halten fest, dass Sommer das Revolutionäre des Goethe-Textes von 1774 herausstellt und den Zusammenhang der Neuinszenierung durch Heigl mit dem Text darin sieht, dass diese „wie ein frischer Wind" daherkomme, jedoch werktreu, lebendig, schlüssig und behutsam modernisiere;
- bemerken, dass die Besprechungen sich in der Gewichtung der Darsteller unterscheiden; Sommer ist vor allem an der Leistung der Hauptdarsteller interessiert, während die dpa-Besprechung auch untergeordnete Rollen kritisch würdigt;
- stellen fest, dass Sommer der Bühnentechnik und dem Bühnenbild (künstliche Bühnen auf der Naturbühne, Guckkastenbühnen, „die als Ensemble in geschlossenem Zustand einen alten Stich aus der Bauernkriegszeit darstellen", teils abwechselnde, teils simultane Szenen) mehr Aufmerksamkeit als die dpa-Rezension widmet, die nur erwähnt, dass die drei kleinen Bühnen verschiedene Spielstätten ohne Umbaupausen ermöglichen;
- bemerken, dass beiden Rezensionen an der Frage gelegen ist, ob und inwieweit Heigls Inszenierung den *Götz* aktualisiert. (Sommer hebt hervor, dass dabei die historische Dimension und die sprachliche Substanz des Sturm-und-Drang-Textes „nicht verraten" werde. Weiter stellt er über die Bauernkriegsszenen Bezüge zu den Bürgerkriegen auf dem Balkan oder in Afrika her. Die marodierenden Räuberbanden erinnern ihn „an die Auflösung aller Ordnung, den Ausbruch der Anarchie". Dass eben diese Parallele die Absicht des Dramaturgen war, belegt

mit einer Äußerung Heigls auch die dpa-Besprechung. Auch sie stellt Visionen von Anarchie fest und fühlt sich an Fernsehbilder aus dem Jugoslawienkrieg erinnert);

- erkennen, dass in beiden Rezensionen eine Akzentverschiebung des Goethe'schen Dramas am Schluss vorgenommen wird, wo nicht Götz nach Freiheit ruft, sondern Lerse an seiner Stelle festhält: „Das Leben ist ein Gefängnis.“;
- vergleichen die Schlagzeilen beider Rezensionen und befragen deren Text darauf, wie er sie rechtfertigt. (Sommer hat die Schlussworte Lerses als Überschrift gewählt. Dies scheint sinnvoll zu sein, weil aus seiner Sicht Heigls Inszenierung ein Schwergewicht auf den Krieg legt, der in Anarchie mündet, statt freiheitliche Ordnung aufrechtzuerhalten. Die Schlagzeile der dpa-Rezension: *Goethes Götz stürmt und drängt bei den Burgfestspielen* wird nur mit der Spielweise des Hauptdarstellers, nicht mit der gesamten Inszenierung begründet.)

3 Unterrichtsverlauf

3.1 Die SchülerInnen werden von der Lehrkraft darüber informiert, dass ein moderner Dramaturg sich nicht an die Sprache, Szenenfolgen, Regieanweisungen und nicht einmal an die Intention seiner Vorlage halten muss, dass dadurch Freiräume für Veränderungen, auch für eine Aktualisierung klassischer Theaterstücke geschaffen werden.

3.2 Sie erhalten Fotokopien von Kritiken der Jagsthausener Neuinszenierung, lesen diese in Stillarbeit und klären durch Rückfragen sprachlich und inhaltlich Unverstandenes ab.

3.3 Sie betrachten die Aufnahmen der Aufführung in Jagsthausen im Schülerheft und beantworten vorläufig die Frage, ob damit eine Aufführung angezeigt wird, die sich eher eng an die Textvorlage Goethes anlehnt oder eine völlig neue Sichtweise des Götz-Stoffes beabsichtigt.

3.4 Zwei arbeitsteilige Gruppen (arbeitsgleiche Untergruppen möglich) bearbeiten den Unterrichtszielen entsprechend entweder die Rezension der „Heilbronner Stimme“ oder des „Alb-Boten“ nach identischen Stichwörtern: Einleitung des Artikels, Informationen über das Drama, Bewertung der Neuinszenierung, Leistungen der Schauspieler, Bühnengestaltung und ihre Funktion, Aktualisierung des *Götz*, Bezug der Besprechungen zu den Schlagzeilen.

3.5 Die beiden Großgruppen informieren einander über ihre Ergebnisse und stellen fest, worin sich die beiden Besprechungen unterscheiden und worin sie übereinstimmen. Die Ergebnisse werden in einer Tafelanschrift festgehalten.

3.6 Tafelbild

„Heilbronner Stimme“	„Alb-Bote“
– Einstieg über Goethes Gesamtwerk und Persönlichkeit: Goethe als Mann des Wandels und Mensch des Widerspruchs – *Götz* als Drama des Sturm und Drang – Leistungen der Hauptdarsteller – Inszenierung: werktreu, lebendig, schlüssig, behutsam modernisiert – ausführliche Beschreibung des Bühnenbildes und seiner Funktion – Aktualisierung durch Bezüge zu modernen Bürgerkriegen: Auflösung aller Ordnung, Ausbruch der Anarchie – Zusammenhang von Schlagzeile und Besprechung: „Das Leben ist ein Gefängnis“	– Rolle des Götz wird so gespielt, wie es der Sturm und Drang vorsah – kaum Informationen über das Gesamtwerk – auch Leistungen von Nebendarstellern – flotte Inszenierung durch verändertes Bühnenbild – knappe Beschreibung des Bühnenbildes und seiner Funktion – weitgehende Übereinstimmung – Zusammenhang von Schlagzeile und Besprechung: Akzentuierung der schauspielerischen Leistung des Götz

3.7 Die SchülerInnen begründen, welche Besprechung informativer ist: Die „Heilbronner Stimme“ informiert eingehender über den *Götz* als Gesamtkunstwerk und die Art der Inszenierung.

Die Inszenierung im Bockenheimer Depot in Frankfurt

Um die SchülerInnen mit der modernen Inszenierung Einar Schleefs vertraut zu machen, die unbekümmert um Werktreue den *Götz* neu erfindet, könnte man mehrere Besprechungen aus der „Frankfurter Allgemeinen Zeitung“, aus der „Frankfurter Rundschau“, aus der „Süddeutschen Zeitung“ und aus der „Zeit“ (alle vom 21. 04. 1989) einander gegenüberstellen. Wir begnügen uns mit der Rezension von Gerhard Stadelmaier vom 21. 04. 1989 aus der „Stuttgarter Zeitung“, weil sich in ihr Aspekte wiederfinden, die auch in den zuvor genannten Besprechungen enthalten sind. Die Unterrichtsziele und der Unterrichtsverlauf gleichen, soweit dies sachlich möglich ist, denen zu den Besprechungen der Aufführung von Jagsthausen.

2 Unterrichtsziele

Die SchülerInnen
- zeigen an der Fotografie *Götz von Berlichingen und sein Freundesgruß aus dem Eimer*, dass die Frankfurter Aufführung einen Bruch mit traditioneller Inszenierung darstellen muss;
- halten fest, welche Einführung in die Besprechung Stadelmaier inhaltlich und stilistisch wählt. (Es sei kein Ensemble, sondern eine Wehrsportgruppe, kein Thea-

terabend, sondern eine Nachtübung zu sehen. Die ersten drei Sätze stimmen auf die ironische Distanz der Besprechung ein.);

- erkennen, dass Stadelmaier einen abwertenden Zusammenhang zwischen dem Beifall der jungen Theaterbesucher und der Charakterisierung des Dramaturgen als Zuchtmeister herstellt;
- begreifen, dass die Art der Inszenierung auf die Biografie des Dramaturgen festgelegt wird, der in der DDR „die Lektion des Jahrhunderts mit links gelernt“ habe;
- erkennen, dass der Umgang des Dramaturgen mit den Texten aus der angeblichen Vernichtung des Individuums (Sichtweise Schleefs) erklärt wird. („[…] Er inszeniert Texte nicht, er zelebriert sie, indem er sie vernichtend heiligt. […] deren Blutdämpfe ihnen zu Kopfe (und in die Füße) steigen müssen.“ LH, S. 51, Z. 54 ff.);
- vollziehen die Analogie nach, die Stadelmaier zwischen der Fassung des *Ur-Götz* und der Begegnung von Götz und Weislingen auf der Bühne sieht. (Goethe „rasselt, schnaubt, klotzt […] auf Bütten[papier]“. Entsprechend unkonventionell begegnen sich die schreienden Freaks Götz und Weislingen auf der Bühne.);
- halten fest, was man über das Bühnenbild und die Kostümierung erfährt: ein gut hundert Meter langer Laufsteg, Handlungsraum auf und unterhalb des Laufstegs; Götz in halblanger Tunika (drunter ein schwarzes Binden-Unterhöschen), später mit Stahlhelm, Chöre mit roten Büstenhaltern und mit roten Röcken (Zigeuner), Adelheid als barbusige gesichtslose Puppe;
- ermitteln, wie Schleef nach Stadelmaier die Handlung des *Götz* verändert hat. (Bei Goethe handele es sich um einen „Autonomierausch“. Er „lässt ein großes fragwürdiges Individuum an der Welt, der neuen Ordnung, den neuen Regeln verzweifeln, aber bis zuletzt darauf beharren, dass es, ginge es, nach seinem Kopfe gehen müsste.“ (LH, S. 53, Z. 29 ff.) Schleef setze das Kollektiv an die Stelle des Individuums. Dabei mache er Götz seinen Gegnern gleich, „er ist ein Teil des Blocks von Stahlhelmträgern, die denen aus dem anderen Block aufs Haar ähneln“ (LH, S. 53, Z. 36 ff.). Stadelmaier sieht dies kritisch als Gleichmacherei: „Ein Volk, eine Regie, ein Manöver: Götz, ein Kollektiv.“ (LH, S. 53, Z. 43 f.);
- weisen im Einzelnen nach, mit welchen Gegenüberstellungen Stadelmaier verdeutlichen will, dass Schleef Götz als Einzelperson und das gesamte Drama kollektiviere. (Zum Beispiel: „Goethe lässt Götz untergehen, Schleef ihn aufgehen.“ – „Und am Ende deckt die ganze Bande die riesige schwarzrotgoldene Flagge zu. Deutschland, Deutschland über allen. Und sie deckt's: gnädig.“, LH, S. 53, Z. 45 ff.);
- diskutieren darüber, was Stadelmaier mit seiner Schlussaussage meint. Ist sie als Resümee der Kritik Schleefs am nivellierenden Kollektivismus zu verstehen oder wird die Inszenierung selber als reaktionäre Kollektivierung der Lächerlichkeit preisgegeben? (Wahrscheinlich ist beides gemeint: Schleefs Manöverziel war nach Stadelmaier die Einebnung aller politischen und gesellschaftlichen Unterschiede durchs Vaterland Deutschland. Dass diese Wirkung der Inszenierung eintritt, sieht Stadelmaier kritisch ironisch. Was herauskommt, ist „ein reaktionärer Pfan-

nekuchen für die Truppe", mit der wohl die gesamte Theatergruppe unter dem Dramaturgen Schleef gemeint ist.);
- vergleichen ihre Deutung der Schlussaussage Stadelmaiers mit der Schlagzeile seiner Besprechung. (Die Schlagzeile bestätigt, dass sich Stadelmaier ironisch von Schleefs Inszenierung distanziert, da das gesamte Theaterensemble von dem Dramaturgen als „Wehrsportgruppe S." kollektiviert worden sei.);
- fassen zusammen, wodurch sich die Inszenierung Schleefs von der Heigls unterscheidet.

3 Unterrichtsverlauf

3.1 Die gesamte Lerngruppe betrachtet die Fotografie zu Schleefs Inszenierung und stellt fest, dass diese mit traditionellen Aufführungen des *Götz* brechen wollte. (Laufsteg als Bühne, keine illusionsfördernden Requisiten, stattdessen nur ein Wassereimer, Weislingen im Plastiksack, sonst mit entblößtem Hinterteil. Dieses wischt Götz, nur mit Shirt und Slip bekleidet, ab. Beide in Militärschuhen.)

3.2 Die Besprechung Stadelmaiers wird arbeitsteilig in Gruppenarbeit analysiert.
Arbeitsgruppe (AG) 1: Welche Einführung wählt Stadelmaier für seine Besprechung? Worin zeigt sich schon eingangs seine Einstellung zu der Inszenierung? (Text: die ersten beiden Abschnitte der Besprechung)
AG 2: Welchen Zusammenhang stellt Stadelmaier zwischen dem Beifall der jungen Leute und der Charakterisierung des Dramaturgen her? Welche Beziehung sieht er zwischen Schleefs Herkunft aus der DDR und seinem Umgang mit Texten sowie der Art seiner Inszenierung? (Abschnitt 3 und 4)
AG 3: Was erfährt man über Goethes Fassung des *Ur-Götz*? Wie setzt Schleef diese in der Begegnung von Götz und Weislingen um? (Abschnitt 5 und 6)
AG 4: Wie hat Schleef die Bühne gestaltet und mit welcher Kostümierung arbeitet er? (die gesamte Besprechung)
AG 5: Wie hat Schleef die Handlung des *Ur-Götz* verändert und was will er damit ausdrücken? (Abschnitt 7, 8 und 9)

3.3 Die Arbeitsgruppen tauschen ihre Ergebnisse aus. Die gesamte Lerngruppe befasst sich mit den beiden letzten Abschnitten der Besprechung.
- Worin sieht Stadelmaier den Unterschied zwischen Goethes Fassung und Schleefs Inszenierung?
- Was meint Stadelmaier mit seiner Schlussaussage? Was war das Ziel von Schleefs Inszenierung? Welche Kritik übt Stadelmaier daran?
  Stellt eine Verbindung zwischen den Schlagzeilen und der Schlussaussage her.

3.4 Die gesamte Lerngruppe stellt auf der Grundlage der Besprechungen die Unterschiede zwischen Heigls und Schleefs Inszenierungen heraus. Die Unterschiede werden in einer Tafelanschrift festgehalten.

Tafelbild

Heigl Werktreue	Schleef Werktreue
behutsame Modernisierung; drei Guckkastenbühnen auf der Naturbühne ermöglichen unterschiedliche und simultane Handlungsabläufe; historische Kostümierung; nur geringfügige Textveränderungen; Schauspieler interpretieren ihre Rollen im Sinne des Sturm und Drang, Szenen aus dem Bauernkrieg erinnern an moderne Bürgerkriege: Auflösung aller Ordnungen, Ausbruch der Anarchie	*Götz* als Drama des gegen staatliche Ordnungen aufbegehrenden Individuums wird zu einem Stück des von der Geschichte zerrissenen Individuums, der Kollektivierung aller Unterschiede uminterpretiert; Bühne als Laufsteg für Wehrsportübungen, Schauspieler sprechen aus Bodenlöchern Schauspieler aus zwei Blöcken ähneln sich als Stahlhelmträger; Kostüme dienen nicht der Historisierung, sondern der Kollektivierung und/oder der Provokation; Texte als Artikulation werden vernichtet, ins Alte, Anarchische zurückgestoßen
Heigl Intention	Schleef Intention
historisches Schauspiel des Sturm und Drang wieder aufleben lassen, Gefühle sollen geweckt werden; Identifikation mit Götz als Individuum beabsichtigt, aber am Schluss nicht Botschaft der Freiheit, sondern: Die Welt mit ihren Kriegsgräueln ist ein Gefängnis. **Rezensenten** wollen die Inszenierung als angemessene Aktualisierung hinstellen.	Sprache, Bewegungsabläufe der Schauspieler, Bühnenbild und Kostüme dienen der Botschaft von der Zerstörung des Individuums. Manöverziel aus Sicht des Rezensenten: die vollständige Vernichtung aller politischen und gesellschaftlichen Unterschiede durch das Vaterland Deutschland. **Rezensent:** Das Ensemble Schleef erscheint als Wehrsportgruppe, die gesellschaftliche Kollektivierung aufzeigen soll. Der Rezensent kritisiert die Gleichmacherei der Inszenierung: „reaktionärer Pfannekuchen für die Truppe“.

THEMENVORSCHLÄGE FÜR KLASSENARBEITEN/KLAUSUREN

1. Welches Persönlichkeitsbild des historischen Götz geht aus M 1.3 *Götz von Berlichingen: Mein Fehd und Handlungen* (SH, S. 113 f.) hervor? Was hat Goethe von diesem Persönlichkeitsbild in seinem Drama beibehalten, was hat er hinzugefügt bzw. verändert?
2. Die letzten Worte des sterbenden Götz lauten: „Freiheit! Freiheit!" (SH, S. 104, Z. 15) Für welche Freiheit hat Götz in dem Drama vergeblich gekämpft? An welchen Widerständen ist er gescheitert?
3. Welche der anderen Figuren des Dramas hat deine besondere Beachtung gefunden? Charakterisiere sie unter Berücksichtigung des Textes und begründe, weshalb sie dich interessiert.
4. Welche neuen Möglichkeiten boten sich Goethe durch die Ablehnung der drei Einheiten des Aristoteles und durch die Nachahmung Shakespeares?
5. Mit welcher Reaktion von Zeitgenossen auf Goethes Schauspiel (M 3.1 – M 3.3, SH, S. 122–126) kannst du dich identifizieren? Begründe! Füge eigene befürwortende oder ablehnende Argumente für oder gegen das Drama aus heutiger Sicht hinzu.
6. Was kann man beim szenischen Lesen lernen? Erläutere deine Erkenntnisse an von dir selbst ausgewählten Textbeispielen aus dem *Götz*.
7. Weise an zwei von dir selbst ausgewählten Textbeispielen aus dem *Götz* nach, inwieweit die Sprache des Schauspiels dem gesellschaftlichen Stand der Akteure, ihrem Charakter und der Handlungssituation entspricht.
8. Bei der Neuinszenierung des *Götz* in Jagsthausen von 1997 spricht Lerse die Schlussworte: „Das Leben ist ein Gefängnis." (LH, S. 50, Z. 51 f.) Begründe mit Belegen aus dem Text, ob dieser Schluss dem Drama eher gerecht wird oder Götz' letzte Worte: „Himmlische Luft – Freiheit! Freiheit!" (SH, S. 104, Z. 15)
9. Schreibe einen werbenden Artikel für eure Schülerzeitung, der zu einem Besuch der Neuinszenierung des *Götz* in Jagsthausen auffordert. Denke daran, dass auch SchülerInnen mitfahren sollen, die die Handlung des *Götz* nicht kennen. Du kannst die Besprechung der „Heilbronner Stimme" und des „Alb-Boten" zur Hilfe nehmen.
10. Erläutere, welche positiven und negativen Äußerungen eure Fragebogenaktion zum *Götz* erbracht hat und wie die Stellungnahmen begründet wurden.

LITERATUR

Zitierte Literatur

Bohse, Jörg; Pasche, Wolfgang: Stundenblätter „Götz von Berlichingen". Ein produktionsorientiertes Unterrichtsmodell für die Klassen 9/10, Stuttgart 1983

Braak, Ivo: Poetik in Stichworten. Kiel [3]1969

Das Lexikon der Weltgeschichte. Hrsg. vom Lexikon-Institut Bertelsmann. München 1998

Hansen, Walter: Die Ritterzeit. Eine Reportage über das Mittelalter. Pfaffenhofen/Ilm 1984

Hesse, Gisela: Götz von Berlichingen mit der eisernen Hand. In: Kindlers Neues Literatur-Lexikon. Hrsg. von Walter Jens, Bd. 6. München 1996, S. 470 ff.

Hinderer, Walter: Götz von Berlichingen. In: Hinderer, Walter (Hrsg.): Goethes Dramen, Interpretationen. Stuttgart 1992

Kroeschell, Karl: Deutsche Rechtsgeschichte 2 (1250–1650). Rowohlt Taschenbuch Reinbek 1973

Martini, Fritz: Goethes „Götz von Berlichingen". Charakterdrama und Gesellschaftsdrama. In: Geschichte im Drama – Drama in der Geschichte. Stuttgart 1979. Erstdruck 1972

Meyers Enzyklopädisches Lexikon, Bd. 3. Mannheim, Wien, Zürich 1971

Neuhaus, Volker: Johann Wolfgang Goethe: Götz von Berlichingen. Stuttgart 199[illegible]

Sengle, Friedrich: Das historische Drama in Deutschland. Geschichte eines literarischen Mythos. Stuttgart 1974

Schmitt, Rudolf: Grundwissen Deutsch. Bamberg 1991

Weitere Literatur zu *Götz von Berlichingen*

Brahm, Otto: Die Bühnenbearbeitung des „Götz von Berlichingen". In: Goethe-Jahrbuch II. Frankfurt a. M. 1881, S. 190–216

Buck, Theo: Goethes Erneuerung des Dramas „Götz von Berlichingen" in heutiger Sicht. In: Johann Wolfgang von Goethe. Hrsg. von Heinz Ludwig Arnold. München 1982, S. 33–42

Graham, Ilse A.: Vom Urgötz zum Götz: Neufassung oder Neuschöpfung? In: Jahrbuch der Deutschen Schillergesellschaft 9 (1965), S. 245–282

Ingen, Ferdinand van: Aporien der Freiheit: Goethes „Götz von Berlichingen". In: Verlorene Klassik? Hrsg. von Wolfgang Wittkowski. Tübingen 1986, S. 1–23

Nägele, Rainer: Johann Wolfgang Goethe. „Götz von Berlichingen". In: Interpretationen: Dramen des Sturm und Drang. Stuttgart 1987, S. 7–31

Weißert, Gottfried: Goethes „Götz von Berlichingen" – Recht und Geschichte. In: Projekt Deutschunterricht. Hrsg. von Heinz Ide, Bd. 7. Stuttgart 1974, S. 199–2[illegible]8

Medien

Verfilmung:

BRD 1978, Regie Wolfgang Liebeneiner

Fernsehen:

ZDF 17. 06. 1969: *Götz von Berlichingen.* Ausstrahlung einer Aufführung in Jagsthausen

NWDR (WDR) 19. 09. 1960: *Der Ritter mit der eisernen Hand.* Dokumentation über das Leben des historischen Götz von Berlichingen

Schallplatten:

Götz von Berlichingen: Aufnahme des Burgtheaters Wien. Mit Ewald Balser als Götz u. a. (Ariola)

Lutz Görner stellt vor: Goethe für alle. Beschreibung eines Menschenlebens in Gedichten und Prosastücken des Johann Wolfgang von Goethe (Pläne)

Klassische Schullektüre

Herausgeber: Ekkehart Mittelberg

Georg Büchner, Dantons Tod
Bearbeitet von Klaus Peter
und Ingeborg Radmehr
Schülerheft 121143 *Lehrerheft* 121151

Georg Büchner, Woyzeck
Bearbeitet von Meinhard Gerdes,
Klaus Hesse und Niels Rüdiger
Schülerheft 520509 *Lehrerheft* 520606

**Adelbert von Chamisso,
Peter Schlemihls wundersame
Geschichte**
Bearbeitet von Bernd Rosen
Schülerheft 521904 *Lehrerheft* 521955

**Annette von Droste-Hülshoff,
Die Judenbuche**
Bearbeitet von Ekkehart Mittelberg
Schülerheft 522083 *Lehrerheft* 522091

Günter Eich, Träume
Bearbeitet von Klaus Klöckner
Schülerheft 121305 *Lehrer*heft 121313

**Joseph von Eichendorff,
Das Schloss Dürande**
Bearbeitet von Ursula
und Reinhard Schreyer
Schülerheft 521106 *Lehrer*heft 521157

Theodor Fontane, Unterm Birnbaum
Bearbeitet von Ilse Keseling
Schülerheft 520908 *Lehrerheft* 520959

**Max Frisch, Herr Biedermann
und die Brandstifter**
Bearbeitet von Klaus Klöckner
Schülerheft 601048 *Lehrerheft* 610056

Johann Wolfgang Goethe, Faust I
Bearbeitet von Erdmute Pickerodt-
Uthleb und Gerhart Pickerodt
Schülerheft 522032 *Lehrerheft* 522040

**Johann Wolfgang Goethe,
Götz von Berlichingen**
Bearbeitet von Heinz-Joachim Schüßler
(SH) und Ekkehart Mittelberg (LH)
Schülerheft 121321 *Lehrerheft* 121330

**Johann Wolfgang Goethe,
Die Leiden des jungen Werthers**
Bearbeitet von Herbert Fuchs
Schülerheft 121186 *Lehrerheft* 121194

**Gerhart Hauptmann,
Bahnwärter Thiel**
Bearbeitet von Dieter Seiffert
und Georg Völker
Schülerheft 522005 *Lehrerheft* 522056

Gerhart Hauptmann, Der Biberpelz
Bearbeitet von Dieter Ernst,
Christoph Fellner v. Feldegg
und Jörg Isenbiel
Schülerheft 520703 *Lehrerheft* 520800

**Gerhart Hauptmann,
Die Weber**
Bearbeitet von Karl-Ewald Tietz
und Gunnar Müller-Waldeck
Schülerheft 121224 *Lehrerheft* 121232

**E.T.A. Hoffmann,
Das Fräulein von Scuderi**
Bearbeitet von Ekkehart Mittelberg
und Dieter Seiffert
Schülerheft 121240 *Lehrerheft* 121267

**Henrik Ibsen,
Nora oder Ein Puppenheim**
Bearbeitet von J. Hintze/W. Kreß
Schülerheft 121100 *Lehrerheft* 121119

**Franz Kafka,
Erzählungen und andere Prosa**
Bearbeitet von Herbert Fuchs
und Dieter Seiffert
Schülerheft 601030 *Lehrerheft* 601021

**Franz Kafka,
Die Verwandlung**
Bearbeitet von Herbert Fuchs
und Dieter Seiffert
Schülerheft 121160 *Lehrerheft* 121178

Georg Kaiser, Gas I
Bearbeitet von Wolfgang Kreß
Schülerheft 521408 *Lehrerheft* 521459

Gottfried Keller, Kleider machen Leute
Bearbeitet von Herbert Fuchs
und Dieter Seiffert
Schülerheft 520304 *Lehrerheft* 520401

Gottfried Keller,
Romeo und Julia auf dem Dorfe
Bearbeitet von Franz Hebel
Schülerheft 121348 *Lehrerheft* 121356

Heinrich von Kleist,
Das Erdbeben in Chili
Die Verlobung in St. Domingo
Bearbeitet von Donald Lüttgens
Schülerheft 121208 *Lehrerheft* 121216

Heinrich von Kleist, Michael Kohlhaas
Bearbeitet von Herbert Fuchs
und Dieter Seiffert
Schülerheft 521203 *Lehrerheft* 521254

Gotthold Ephraim Lessing,
Minna von Barnhelm
Bearbeitet von Otto Bantel
Schülerheft 521009 *Lehrerheft* 521050

Gotthold Ephraim Lessing,
Nathan der Weise
Bearbeitet von Ingrid Haaser
Schülerheft 121364 *Lehrerheft* 121372

Wilhelm Raabe, Im Siegeskranze
Bearbeitet von Ulrike Koller
Schülerheft 521505 *Lehrerheft* 521556

Friedrich Schiller, Kabale und Liebe
Bearbeitet von Erdmute
Pickerodt-Uthleb
Schülerheft 521300 *Lehrerheft* 521351

Friedrich Schiller, Die Räuber
Bearbeitet von Ekkehart Mittelberg
und Dieter Seiffert
Schülerheft 121380 *Lehrerheft* 121399

Friedrich Schiller, Wilhelm Tell
Bearbeitet von Herbert Fuchs
und Dieter Seiffert
Schülerheft 522102 Lehrerheft 522153

Theodor Storm, Aquis submersus
Bearbeitet von Georg Hartmann
Schülerheft 521700 Lehrerheft 521750

Theodor Storm, Pole Poppenspäler
Bearbeitet von Georg Völker
Schülerheft 121259 *Lehrerheft* 121275

Theodor Storm, Der Schimmelreiter
Bearbeitet von Herbert Fuchs
und Ekkehart Mittelberg
Schülerheft 520100 *Lehrerheft* 520207

Frank Wedekind, Frühlings Erwachen
Bearbeitet von Dieter Seiffert
und Georg Völker
Schülerheft 522016 *Lehrerheft* 522024

Europäische Erzählungen
des 20. Jahrhunderts
Bearbeitet von Herbert Fuchs,
Ekkehart Mittelberg und Dieter Seiffert
Band I Schülerheft 522202
Band II Schülerheft 522210

Klassische und moderne Frauenliteratur
Bearbeitet von Hanna Behrend
Schülerheft 601072 *Lehrerheft* 601064

Klassische und moderne
Kriminalgeschichten
Bearbeitet von Theo Herold
Schülerheft 522300 *Lehrerheft* 522318

Klassische und moderne
Kurzgeschichten
Bearbeitet von Herbert Fuchs
und Ekkehart Mittelberg
Schülerheft 521807 *Lehrerheft* 521858

Klassische und moderne Kurzprosa
Bearbeitet von Herbert Fuchs
und Ekkehart Mittelberg
Schülerheft 522326 *Lehrerheft* 522334

Leben in der Minderheit
Jüdische Zeugnisse in dt. Literatur
Bearbeitet von Franz Hebel
Schülerheft 601005 *Lehrerheft* 601013

Romantik
Bearbeitet von Reinhard
und Ursula Schreyer
Schülerheft 121283 *Lehrerheft* 121291

Sehnsucht und Bitternis
Kurzprosa aus der DDR
Bearbeitet von Karl-Ewald Tietz
und Gunnar Müller-Waldeck
Schülerheft 520706 *Lehrerheft* 520714

Sturm und Drang
Bearbeitet von Donald Lüttgens
Schülerheft 121127 *Lehrerheft* 121135